Carole

IL FAUT DU TEMPS
POUR RESTER JEUNE

MICHEL DRUCKER
avec la collaboration de
Jean-François Kervéan

IL FAUT DU TEMPS
POUR RESTER JEUNE

**Robert
Laffont**

© Éditions Robert Laffont S.A.S., Paris, 2018
ISBN 978-2-221-21540-1
Dépôt légal : octobre 2018

La visite

> « Les folies sont les seules choses
> qu'on ne regrette jamais. »
> *Le Portrait de Dorian Gray*, Oscar Wilde

C'était vers la fin des années 1990. Je commençais à pratiquer le vélo intensément, à aimer partir le matin rouler, quitter Paris vers une campagne. Sans destination précise, juste le plaisir de boucler une boucle et me vider la tête. Je n'allongeais pas mes trente kilomètres à l'époque, je débutais seulement. Je mettais le vélo dans le coffre et je filais vers le Christ-de-Saclay, rendez-vous de tous les cyclistes acharnés à qui les « bosses » ne font pas peur. J'avais du souffle et du mollet, jamais je n'aurais imaginé que j'achèterais un jour un vélo électrique pour m'aider dans les côtes. D'ailleurs les vélos électriques n'existaient pas. L'environnement n'était pas à la mode, la santé non plus. Tout était fumeur, rien n'était ni light, ni bio, ni slim. Bref, c'était le XXe siècle.

Je me suis retrouvé dans la vallée de Chevreuse, où résidait Raymond Devos. Les téléphones portables existaient à peine. Il n'y avait aucun moyen de savoir dans la seconde où était qui et si cette personne était chez elle. Mais Raymond m'avait dit :

— Si tu passes près de chez moi, arrête-toi. Je vais mettre un panneau devant la maison «ARRÊT RAYMOND DEVOS», comme ça, tu penseras à t'arrêter. Mais attention, Michel, à ne pas tomber dedans, hein… Disons qu'à partir de maintenant, je t'attends, aussi longtemps que tu veux. Ce sera plutôt le week-end, j'imagine, car tu sais, le week-end, c'est idéal pour passer à l'improviste. Sinon, en semaine, on n'est pas là, je veux dire, pas chez soi. Alors, j'enlèverai la pancarte du lundi au vendredi, c'est mieux, pour que tu ne t'arrêtes pas pour rien…

J'admirais Raymond Devos, grand bonhomme, jongleur de mots, joueur de violon avec des gants de boxe, de trompette, de clairon, de trombone, joueur de tout, clown et poète. Nous n'étions pas proches. Je n'avais pas encore eu l'occasion de recevoir souvent en télé cette immense vedette. C'était plutôt un client pour «Le Grand Échiquier» de Jacques Chancel, l'émission préférée de ma mère, sans comparaison selon elle avec mes «Champs-Élysées», puisque moi je recevais

10

Mireille Mathieu et François Valéry – qui, non, maman, n'était pas le fils de Paul.

Raymond Devos était simple et facile, comme tous les grands. Sa maison[1] de Saint-Rémy-lès-Chevreuse constituait le laboratoire de ce sorcier rhétorique où il expérimentait des textes, des sketchs, dans le seul but de faire rire. Petit, avec ses deux frères, il s'improvisait déjà clown pour amuser les gosses de son quartier. Il a d'abord été apprenti tailleur avant d'obéir à sa vocation de magicien des mots. Ce géant débonnaire était la modestie même, mais il avait une très haute estime de l'art de divertir. Il disait que le rire était une chose tellement importante qu'on n'en parlait jamais. Rire, c'était du sérieux.

C'était un personnage fantastique.

Quand mes roues m'ont mené du côté de la vallée de Chevreuse, par un beau dimanche matin de printemps, j'avais noté son adresse, et j'ai cherché le panneau. Raymond l'avait oublié, c'était une blague. Avec lui, on ne savait jamais tracer la frontière entre l'humour et la réalité. J'étais là, j'ai sonné. Je l'avais encore entendu la veille à la radio.

« Une fois rien, c'est rien, bon…

Deux fois rien, c'est pas beaucoup, d'accord…

---

1. Maison qui est devenue un musée après sa mort en 2006.

Mais avec trois fois rien, pour trois fois rien, on peut déjà acheter quelque chose ! »

La porte s'est grande ouverte sur lui, en polo bleu ciel et gilet bordeaux, comme d'habitude, le cheveu en bataille. Le bleu tendre était sa couleur. Sa tenue de scène était un costume dans ce bleu, orné d'un nœud papillon. Il est sorti, colossal, du nuage de fumée de son gros cigare, un ogre avec deux yeux de hibou.

— Flûte, j'ai pas mis la pancarte et tu t'es arrêté quand même.

— J'aurais pas dû ?

— Non mais depuis quand aurait-on besoin d'une pancarte pour s'arrêter chez un ami ? Ma porte t'est toujours ouverte, même fermée.

Il m'a fait entrer. Il était seul. Sa maison aussi me laisse un souvenir de bleu et blanc, calme, une élégante retraite. Dans le salon régnait un désordre d'artiste autour du piano – des instruments de musique, des papiers, des partitions, une paire de gants de boxe rouges, un nez de clown, un bâton de rouge à lèvres, des quilles de jongleur...

— Je vous dérange ?

— Qui t'a dit ça ?

Raymond me tutoyait sans que je puisse en faire autant.

Il grognait.

— Vous, vous, vous, qui ça ? Moi ?

Et puis il oubliait, passant à autre chose, et je continuais à le vouvoyer.

— Alors Michel, c'était bien ?

— Bien quoi ?

Raymond a fait mine de pédaler frénétiquement sur un vélo, la tête dans le guidon.

— Ah, très bien, j'aime de plus en plus ça. Mais la côte de Port-Royal avec le vent de face, qu'est-ce qu'elle est dure ! Vous devriez venir avec moi un de ces jours.

Il a pris un air fermé.

— Pas question. À vélo, si je ne vais pas assez vite, j'ai peur de tomber. La trottinette, c'est plus sûr. Alors, quoi de neuf ?

— Rien de spécial.

— C'est bien aussi, rien, c'est confortable. De toute façon, on a tort de poser des questions. Une question en amène une autre et encore une autre, faut les poser toutes, on ne s'en sort plus. Moi, je serais partisan d'interdire les questions, tu vois, terminé les questions. Ça nous entraîne trop loin. C'est à cause de ça qu'on finit par mentir, je te jure.

— Vous étiez en train de travailler ?

— Ah, tu vois, hop, une petite question ! Mais toi ce n'est pas pareil, c'est ton métier. Oui, je travaille. Je ne sais faire que ça, qu'est-ce que tu veux. Remarque c'est bien, parce que quand je travaille beaucoup, je finis par m'endormir, sinon, je crois que je ne pourrais pas fermer l'œil.

On ne savait jamais si Raymond était sérieux ou s'il divaguait en quête d'inspiration. Je craignais de l'avoir dérangé mais il avait l'air ravi de me voir.

— Je prépare l'Olympia, alors je fais du neuf avec du vieux, je reprends mes numéros. Faut entretenir la machine, sinon la mémoire tousse. Tu connaîtras sans doute ça un jour, les trous de mémoire, tu te souviens, tu te souviens, hop, hop, hop et soudain, plouf, un trou, tu ne te souviens plus.

Il a émis une note plaintive de trompette au milieu du salon en enchaînant des petits pas. Je crois que faire rire était son unique but dans l'existence. Raison pour laquelle il avait l'air si grave, au repos, lorsqu'il ne vous faisait pas mourir de rire.

— T'as un souvenir, et brusquement, pata-tras, t'en as plus. Mais j'ai de la bière. Je suis belge. Tu en veux une ?

— Non, merci, de l'eau.

— De l'eau, de l'eau, mon Dieu, mais c'est très grave de boire de l'eau.

— Je ne sais pas, ça désaltère.

— Moi, j'ai arrêté de boire de l'eau, ça me montait au cerveau. Et j'ai arrêté de vieillir aussi.

J'ai ri.

— Ah bon.

— Ah si, ça fait un bail déjà. C'est un de mes sketchs, tu le connais ?

— …

14

— Bon, je vais te le faire, comme ça tu le connaîtras et tu ne seras pas venu pour rien. Tu te désaltères et moi je répète.

Il inspire au milieu de son salon.

— Il y a un monsieur que je connais depuis longtemps, il me dit :

« — Dites donc, vous ne vieillissez pas !

« — Non, parce que j'ai arrêté ! Complètement ! Du jour au lendemain j'ai arrêté de vieillir ! Parce qu'il n'y a pas que le tabac qui soit nocif. Vieillir aussi n'est pas bon pour la santé ! Un matin je me suis réveillé, j'avais vieilli de dix ans ! C'est dur de rester jeune, c'est dur. (Il a ralenti sa gestuelle, accablé.) Je ne vous cache pas qu'il y a des moments, quand personne ne m'observe, j'ai envie de prendre un petit coup de vieux ! Mais je m'abstiens, je m'abstiens. Je ne voudrais pas finir comme mon voisin. Lui il pouvait pas s'empêcher de vieillir. Eh bien, il en est mort ! »

J'en suis resté comme deux ronds de flan – une expression qu'adorait Raymond. Arrêter de vieillir, quelle bonne idée, quand on y pense !

— Alors qu'est-ce que tu en dis, Michel ?

— Ça fait réfléchir, hein, on a envie d'essayer.

Nous sommes sortis, il a regardé mon vélo.

— Tu ne veux pas ma trottinette, tu es sûr ? Je crois que je vais entrer en scène sur une trottinette en imitant un éléphant qui barrit, comme ça.

Sur le pas de sa porte, Raymond Devos a imité l'éléphant, un bras devant son nez, l'autre en guise d'oreilles.

— Vous faites très bien l'éléphant, Raymond.

— Je n'ai pas beaucoup de mérite, j'imite le gorille aussi. Avec mon poids, j'aurais plus de mal à faire mon entrée en imitant une libellule.

— Je crois que vous pourriez aussi.

— C'est très gentil. Tu viendras me voir à l'Olympia ?

— Bien sûr, et je vais arrêter de vieillir aussi.

— Oh, t'as le temps, faut faire ça vers soixante ans, mais écoute-moi bien, Michel, si tu te décides à arrêter de vieillir, fais-le à fond, hein…

Je l'ai laissé devant sa maison. Cet immense artiste a repris ses répétitions, moi mon guidon. Pendant les dix ans qui ont suivi, Raymond Devos n'a presque pas changé, jusqu'à cet AVC dont il ne s'est pas remis, à quatre-vingts ans passés. Arrêter le temps ne rend pas immortel. De mon côté, comme nous nous l'étions dit, j'ai décidé, plus tard, d'arrêter de vieillir. Et depuis une quinzaine d'années, je m'y tiens.

Arrêter les horloges, c'est toute une histoire…

À vélo, je passe toujours de temps en temps à Saint-Rémy-lès-Chevreuse devant sa maison-musée, et je guette le panneau «ARRÊT RAYMOND DEVOS». Raymond, si tu nous regardes, je t'embrasse.

Porte de sortie

« L'avenir est la seule chose qui
m'intéresse car je compte bien y
passer les prochaines années. »
Woody Allen

La première fois qu'on m'a dit que j'étais vieux,
j'avais quarante-huit ans. C'est arrivé d'un coup, je
ne m'y attendais pas du tout. Le patron d'Antenne 2
à l'époque, Philippe Guillaume, est venu déjeuner à
la maison pour le renouvellement du contrat de
« Champs-Élysées », qui arrivait à son terme après
presque dix ans de succès. À l'heure du café,
M. Guillaume m'a enfin annoncé ce qu'il était venu
me dire, je crois même qu'il n'était venu que pour
cela : « Vous êtes un homme du passé, la télé de
demain ne passera ni par vous, ni par Martin, ni
par Pivot », etc. Je l'ai déjà raconté dans mes livres

précédents, mais le souci avec les traumatismes, c'est qu'on y revient indéfiniment.

Pour la première fois ce jour-là, j'ai pris conscience que le jeunisme, ce racisme de l'âge, venait de se manifester. Même si le messager a quitté le service public avant moi, il n'avait déjà pas tout à fait tort. Grâce à ce patron de télévision, en 1990, j'ai compris que je n'étais plus un jeune homme. Terminé. Constatation normale, vous me direz, et même un peu tardive, mais quand même, à n'importe quel âge, devenir vieux n'est pas facile.

Au fond, vieillir n'est pas naturel.

Quand Philippe Guillaume a quitté mon appartement, me laissant groggy et douze mois pour plier bagage, former un jeune et disparaître de l'antenne, je me souviens avoir murmuré à ma femme : « Dany, ça y est, c'est fini, je suis un has-been. »

J'ai filé dans la salle de bains me regarder dans la glace. Je me suis trouvé une sale gueule, fatiguée, empâtée par trop de bienveillance, de salutations formatées, trop de « Magnifique ! », « Merci ! », « Formidable ! », ce ton qui m'a tant été reproché tout au long de ma carrière. De l'être lisse que j'étais, l'armoire de la salle de bains me renvoyait l'image d'un type chiffonné qui n'avait rien vu venir. Je me sentais résigné, aussi. Vingt-cinq ans de carrière, après tout, c'est pas si mal. À un jet de pierre de la cinquantaine, ne me restait plus qu'à compter mes trimestres. J'étais bon pour les mots fléchés du *Parisien,* « Questions pour un champion », la pêche à la ligne comme papa et un peu de vélo si le blues du retraité me laissait la force de pédaler.

Les quarante-huit premières années de mon existence avaient filé d'une traite, je ne les avais pas vues passer. C'est pour tout le monde pareil, paraît-il.

Aujourd'hui, trois décennies plus tard, régulièrement, des téléspectateurs ou des spectateurs me disent : « Incroyable ce que vous êtes en forme ! », « Personne ne peut croire que vous avez votre âge ! » – « soixante-quinze, soixante-seize, si, si, je les ai, madame. » On ne m'a jamais tant parlé de mon âge et de mes « secrets » pour ne pas le paraître.

Ils ont beau me le dire, je ne les crois qu'à moitié. Chacun peut bien avoir ses trucs, ses bistouris, ses grigris, ses potions magiques contre le temps qui passe, le miroir s'en fout. Et le miroir ne ment pas, il sait aussi bien que toi, yeux dans les yeux, matin et soir, ton âge véritable. Vingt-cinq ans de carrière – *a fortiori* cinquante-cinq aujourd'hui –, que vous le vouliez ou non, vous les avez dans les pattes.

Depuis ce rendez-vous où Philippe Guillaume m'a assené que j'avais fait mon temps, qu'au-delà de cette limite mon ticket ne serait plus valable, je n'ai cessé de gamberger. Le temps s'achève toujours sur un motif de départ : l'obligation de quitter sa jeunesse, son entreprise et, pour finir, le monde.

Mon patron d'alors avait seulement parlé un peu trop vite. Il souhaitait me zapper ; finalement c'est lui qui est parti. Comme Gainsbourg a usé plusieurs cardiologues avant de s'éclipser, j'ai vu disparaître plusieurs présidents et directeurs qui jugeaient des animateurs dépassés avant de tomber eux-mêmes du train. En 1990, j'ai sauvé ma tête, ma peau, ma place, sauvé les apparences, mais à partir de là, plus rien n'a été comme avant, je vous jure. Dorénavant, le has-been ne dormirait plus que d'un œil. Après ce rendez-vous presque fatal, un compte à rebours a démarré entre moi et mon image, dans le miroir comme sur l'écran. Certains s'affolent des ravages du temps bien avant la quarantaine quand d'autres prétendent ne pas s'en soucier – mais ceux-là, sous leur sourire, j'ai du mal à les prendre au sérieux.

La marche du temps n'épargne personne.

Avant quarante-cinq ans, en gros, j'ai été jeunot très très longtemps. De toute façon, je n'ai jamais fait mon âge. À vingt-trois ans, en 1965, j'en faisais seize lorsque je suis apparu pour la première fois dans les gros postes de télévision, sous le napperon, le petit rameau de buis et la photo de mariage. C'était un soir, vers 20 h 30, à « Sports dimanche » (devenu « Stade 2 »), juste avant le film dominical, *La Vache et le Prisonnier*. J'ai eu l'honneur de débuter en première partie de Fernandel.

On ne peut pas dire que cette brève apparition soit passée inaperçue. Les téléphones ont sonné, tout le monde s'est mis à en parler.

— Regarde, regarde ! Il y a un môme à la télévision, on dirait qu'il a la tremblote.

Comme un lapin pris dans les phares, effectivement je tremblais autant que mes feuilles de résultats sportifs. À Vire, en Basse-Normandie, mon père auscultait une dernière patiente dans son cabinet, ma mère cuisinait au premier étage. Elle lui a crié : «Viens vite voir Michel à la télé !» À l'époque, au milieu des années 1960, notre douce France comptait environ quatre millions et demi de récepteurs, soit douze millions de téléspectateurs, à raison d'une petite moyenne de trois par foyer. Tous m'ont vu sombrer. Ni une ni deux, mon père a appelé mon patron, Raymond Marcillac, pour le sommer de me retirer immédiatement de l'antenne. Selon Abraham Drucker, son fils ne ferait jamais l'affaire…

Pour une fois, le diagnostic du docteur Drucker se révélera faux.

Voilà comment, à cause de ou plutôt grâce à ma tremblote, ma panique, je suis devenu le poulain de l'ORTF. En un soir et trois minutes, le stagiaire que j'étais est entré dans les familles qui ont adopté le petit Michel. Parents, grands-parents m'ont accueilli à bras ouverts parce que j'avais l'air bien élevé quoique trop émotif. Quant à la jeunesse, dans un pays gaulliste, cravaté et fumeur de pipe, elle a découvert son jumeau à l'écran. Ce gamin de la télévision, j'allais le demeurer pendant deux décennies, jusqu'à ce café tragique avec Philippe Guillaume qui m'est resté sur l'estomac. C'est tellement difficile d'avoir une image, surtout si elle est bonne, qu'on s'y accroche, forcément.

Quand des gens m'abordent dans les couloirs des studios, les wagons du TGV, sur les trottoirs, ils me scrutent tout en s'exclamant : «Dites, vous tenez la forme», «Ça vous fait quel âge, déjà?». J'en ai pris l'habitude. À mes débuts, on me disait déjà : «Mais quel âge as-tu?» Genre, p'tit gars, t'es pas encore à l'école? Un mouflet entre ces stars énormes que représentaient Roger Couderc, Robert Chapatte ou Léon Zitrone. Thierry Roland m'avait précédé au service des sports mais lui était déjà célèbre – à l'époque on disait «connu».

Presque dans la foulée, le stagiaire, puis reporter sportif junior est passé au divertissement sur un coup de fil impérieux de la productrice Michèle Arnaud. Et ce fut «Tilt», mon premier show de variétés, en 1966, avec les vedettes d'une nouvelle vague, autour de l'«idole des jeunes», un certain Johnny Hallyday. Subitement, le gamin, ex-mascotte du service des sports de la seule et unique chaîne nationale, dans un monde en noir et blanc sans télécommande, est apparu comme le symbole de la jeunesse. Oui, moi, le vétéran, champion de la longévité, même si Cyril Hanouna ou Julian Bugier ne peuvent pas se l'imaginer, au milieu des années 1960, j'ai été le benjamin du métier, présentateur d'une génération montante avec Johnny, Cloclo, Sylvie Vartan, France Gall, Adamo, Françoise Hardy, Jacques Dutronc ou Michel Polnareff… Sur les ondes de l'ORTF, j'accompagnerai l'explosion des yéyés qui balaieront le paysage français tandis que les Beatles hystériseront l'Angleterre. Je serai au cœur d'une révolution culturelle qui deviendra sociale avec Mai 68.

Ce parfum de jouvence m'a enveloppé pendant vingt ans, jusque, allez, disons les débuts de «Champs-Élysées». Au fil de mon parcours, j'ai remplacé des plus vieux, des trop vieux : Albert Raisner ou même Guy Lux, avant de succéder à Jacques Martin, indétrônable et inoubliable monsieur Dimanche. À la télé, comme partout, un jeune s'incarne en éjectant un ancien. Un jour, moi aussi, un nouveau venu me dégagera. Le «dégagisme» est une loi naturelle, paraît-il, qui règne dans n'importe quelle jungle. D'ailleurs, depuis un sacré moment, en observant ma chaîne ou la concurrence, je me demande qui va prendre ma place en m'adressant un sourire en guise de coup de grâce.

Il faut du temps pour rester jeune

À vingt-trois ans déjà, j'avais un problème d'âge, mais inverse à celui d'aujourd'hui : je faisais trop vert. Je me suis même mis à fumer la pipe – pas longtemps, de l'Amsterdamer (j'ai même été intronisé à Saint-Claude, capitale mondiale de la pipe !) –, uniquement dans le but de ne pas rester trop à la traîne des grands pionniers de l'ORTF, les trois Pierre : Dumayet, Desgraupes et Sabbagh, tous amateurs de bouffarde. Et en vacances, mal rasé, je portais des charentaises, de vieux chandails, des maillots de bain improbables, n'importe quoi qui fasse pépère.

Au travail, en piste, j'ai pris de la bouteille avec des chanteurs qui désiraient la gloire. Mais comme j'aimais déjà les seniors (qu'on appelait alors le « troisième âge »), les grandes longues et belles carrières, ces monstres sacrés que le public vénère aussi, j'ai également reçu Ferrat, Brel, Ferré, Béart ou Brassens…

Si les rides, au temps béni des yéyés dans une France sans chômage, sans sida, sans terrorisme, me préoccupaient modérément, un peu las d'être traité en premier communiant, j'étais toutefois obsédé par une autre hantise assez proche : la forme. La bonne santé était déjà ma fixette. Être fils, frère de médecins et hypocondriaque m'a dopé et préservé. Pédagogue, mon père adorait partager son expérience de médecin de campagne avec ses garçons et c'est moi, son cadet, entre Jean et Jacques, qui l'accompagnait le plus souvent dans sa tournée. Le docteur Drucker n'y allait pas par quatre chemins sur celui des fermes, au fin fond du bocage normand :

— Je vais te présenter une dame, Michou, regarde-la bien, après tu me diras quel âge elle a...

D'accord. La visite se passe... Dans mon coin, j'observe, j'écoute. À peine sorti, avant de grimper dans la quatre-chevaux, papa me questionne :

— Alors?

— ... Elle a autour de soixante ans.

— Pas du tout. Mme Garnier en a trente-neuf.

Sixième grossesse, sans compter les fausses couches, un mari alcoolique, elle travaillait dur depuis la communale, sans dimanche ni vacances – la traite des vaches n'attend pas.

— Et son mari, là-bas, devant l'étable, tu lui donnes combien, au Marcel?

Pas si bête que le pense mon père, je me méfie, je rajeunis le fermier malgré son allure usée.

— Cinquante?

— À peine la quarantaine. Et ça, Michel, tu vois, ça porte un nom, écoute bien ce que je vais te dire et tâche de t'en souvenir pour une fois : ça s'appelle le calva, le cidre bouché, la gnôle, le beurre cuit, la crème, le tabac, la chique, le trou normand, l'andouille et les tripes à la mode de

27

Caen, le poison des bouilleurs de cru… C'est l'accumulation de tout ça… Y a pas à chercher plus loin.

Pour moi qui n'ai rien appris pendant mes quinze premières années, ces verdicts de mon père, après chaque visite, sont restés gravés en lettres de feu.

Vers seize, dix-sept ans, pour me permettre de suivre de laborieuses études à Caen, mes parents m'ont loué une chambre dans un petit immeuble du centre-ville, au-dessus d'une boulangerie. Dès l'aube, l'odeur du pain frais montait dans les deux étages. À l'heure où je descendais, la fournée encore chaude embaumait, mais prévenu, en cachette de la boulangère, j'ôtais la mie du pain avant d'en faire une boulette que je jetais discrètement, sachant que c'était mauvais pour l'estomac. Pareil pour tout. J'ai commencé à devenir accro à la diététique à une époque où personne n'employait ce terme qui rimait avec «diète» et «maison de retraite». Je vivais déjà comme un papi qui s'interdit tout puisque tout fait mal. J'appliquais le leitmotiv du bon docteur Drucker : ceci ou cela est toxique, alors méfie-toi, après tu n'auras que tes yeux pour pleurer et ce sera trop tard.

Cette leçon, moi, le cancre incapable d'apprendre une table de multiplication, allez savoir pourquoi, je l'ai retenue à la virgule près. Elle était facile, concrète, flagrante, dans la plupart des exploitations agricoles où s'arrêtait notre quatre-chevaux verte et pétaradante. Si je ne pouvais pas satisfaire mon père avec mes résultats scolaires, si je le décevais tant, au moins je pouvais partager et hériter de lui le souci de la santé.

À Caen, je grillais donc mes tartines car le pain grillé est plus digeste (mon premier achat fut un toaster rutilant). Et je refusais gentiment les mille-feuilles de la boulangère dont j'appréciais d'autres appâts, les miches généreuses – oui, je sais, ce n'est pas très élégant, mais j'avais seize, dix-sept ans et j'étais bien plus dégourdi devant les filles que devant une règle d'arithmétique. Je fuyais le poison du tabac. Dans ma chambrette, je dînais d'un bouillon de légumes aux vermicelles, d'une tranche de jambon-coquillettes et d'un yaourt sans sucre avec à la rigueur une cuillère de miel – il m'en reste d'ailleurs un goût prononcé pour la nourriture qu'on sert à l'hôpital. Les soirs de gueuleton, je m'ouvrais un pot de rillettes avec, exceptionnellement, une baguette fraîche, non grillée, et un verre de cidre d'une grande année.

Mon père m'avait montré la vraie vie où des femmes de trente-cinq ans ressemblaient à des sexagénaires, éperdues de fatigue, lessivées par leurs maternités à domicile, sans repos ni convalescence. Les Normands, les pauvres surtout, ouvriers, manœuvres, petits paysans, se crevaient comme des bêtes de somme. Les tracteurs, les machines n'étaient pas si nombreux dans le bocage des années 1950. Au pays de Maupassant, je voyais des ombres s'acharner sur des charrues. En juillet-août, ces hommes-là faisaient encore les foins à la faux et au goulot. Mon père intervenait autant pour des insolations que pour des états d'ébriété avancée. Le plus étrange, par un fatalisme qui indignait papa, est que le plus souvent ses patients se soignaient mal ou pas du tout malgré les fureurs du docteur. Papa leur donnait pourtant de bons conseils et d'efficaces remèdes pour vivre mieux. Mais non... Malgré ses menaces, ils continuaient la cuisine trop grasse arrosée au calva, les Gitanes sans filtre et le trou normand. Leur attitude me semblait mystérieuse et suicidaire. Personnellement, je buvais déjà de l'eau plutôt que des sodas américains, sauf un Pschitt (orange ou citron), voire deux, le dimanche.

Second mystère : Papa ne s'appliquait pas ses propres principes, toujours à tirer sur sa cigarette, à cracher ses poumons, se lever deux fois par nuit pour un accouchement ou une urgence (il voulait être tout le temps de garde) ; je voyais bien que ce régime l'épuisait et ça m'inquiétait.

Quand il voyait apparaître sur la table une côte de bœuf saignante, il déclarait : « Futur cancer du côlon. » En apercevant les petits verres à calva, il ajoutait, toujours péremptoire : « Cet alcool brûle le tube digestif et mène droit au cancer de l'œsophage »... Mon père avait raison, à son époque la Basse-Normandie avait la plus forte concentration de cancers de l'œsophage au monde. Dernier paradoxe, ce gros fumeur était pneumologue.

Parfois, quand je rentrais de l'école, il m'appelait.

— Michou, viens en bas...

Je descendais quatre à quatre.

— Tu veux voir à quoi ressemblent les poumons d'un gros fumeur de cinquante ans ? Eh bien regarde...

La cigarette à la main, mon père m'indiquait de l'autre une image en noir et blanc qui ressemblait à un ballon plein de nuages. Une tache plus dense assombrissait le bas de la radio.

— Tu vois, lui, il est mort dans un an, peut-être deux, il ne le sait pas. Va falloir que je le lui annonce...

Et papa soupirait en écrasant sa Gitane pour en rallumer immédiatement une.

À douze ans, j'ai vécu l'expérience qui a achevé mon caractère. Un hiver, nous étions à Chamonix, station chic à l'époque. J'étais seul, sur un parking, à admirer les voitures de luxe garées devant un palace. Il s'est mis à tomber de la neige mêlée à de la pluie, une vraie tempête avec un vent glacial. En rentrant à notre l'hôtel, j'ai attrapé froid. Pneumonie. J'ai développé une petite faiblesse pulmonaire du côté gauche que j'ai gardée et qui s'est transformée au fil du temps en bronchite asthmatiforme. Avoir l'air en bonne santé n'empêche pas quelques faiblesses et de devoir se surveiller.

Pas la peine d'être un premier de la classe pour se rendre compte que les bourgeois de la ville qui venaient consulter au cabinet avaient l'air plus en forme que les personnes défavorisées. La santé diffère selon la classe sociale, le passage du temps dépend aussi beaucoup des conditions économiques dans lesquelles chacun naît. Que celles-ci ne progressent pas n'améliore ni votre vitalité ni votre allure tandis que le confort matériel préserve. Au premier coup d'œil, la clientèle du docteur Drucker m'a enseigné que riches et pauvres ne sont pas non plus égaux devant l'âge. Injustice qui jusqu'à nos jours ne s'est encore jamais démentie.

J'ai pris mon premier coup de vieux en lâchant mes culottes courtes pour des pantalons de « grand » et en cessant de récupérer les habits déjà portés par mon frère aîné Jean.

Ensuite, j'ai vieilli en perdant mon insouciance face aux préoccupations sérieuses concernant mon avenir aussi bas, bouché et gris que le ciel que je voyais de ma fenêtre sur la gare de Vire.

J'ai vieilli en voyant mes parents s'engueuler trop souvent à cause de moi, ma mère prenant ma défense face aux reproches de mon père dans l'espoir d'apaiser le climat anxiogène de la maison.

J'imaginais, quelques pâtés de maisons plus loin, que d'autres enfants de mon âge, eux, vieillissaient de voir leurs parents ne pas parvenir à joindre les deux bouts ou de devoir renoncer aux études qui leur permettraient d'exercer le métier dont ils rêvaient. Je le savais d'autant mieux que le docteur Drucker était leur médecin et qu'il me le disait aussi, en tançant d'un œil noir son cancre de fils, à qui pourtant rien ne manquait.

Avant même de quitter l'école, j'ai donc repéré toutes les raisons du vieillissement. Si j'ai voulu réussir, dans n'importe quoi, coûte que coûte, malgré mes mauvaises notes ou mon indiscipline et si je n'ai jamais aimé les conflits, c'est que l'échec et les engueulades, comme le calva et la grande bouffe, vous ruinent la santé autant que le moral.

À dix-sept ans déjà, j'étais pressé de ne plus perdre le temps qui passe.

Un mal d'être durant l'enfance ralentit le temps. Il semble ne plus passer à force d'attendre, mais attendre quoi? Si l'adolescence est un sale moment, qu'on s'y sent mal dans sa peau, les heures, les jours n'en finissent plus. Lorsqu'on se déploie, qu'on s'élance, qu'on progresse en découvrant enfin les moyens de son ambition, le temps se met à filer à la vitesse de l'éclair.

Se réaliser vous ouvre une apparence de paradis. Voilà sans doute la raison pour laquelle je suis un « workaholic » et que je le reste à un âge où il conviendrait à ce qu'on dit de raccrocher les gants.

Au fond, comme le chante Charles Aznavour dans « Je m'voyais déjà », tout faire pour réussir, quelle qu'en soit l'issue, donne un sens à la vie. L'ambition détourne de l'ennui, elle vous occupe, comme le succès. Si j'aime tant les belles chansons, c'est qu'en trois, quatre minutes, elles disent souvent tout.

Au début des années 1960, honteux de mes bulletins scolaires, je rêvais quand même de réussir. Sans penser que j'y parviendrais. D'ailleurs, longtemps après être entré à la télévision, déjà installé, plusieurs fois à la une de *Télé 7 jours*, je n'étais toujours pas sûr de moi. Ce n'est que cinquante ans plus tard, lorsque je suis revenu un jour à Vire pour inaugurer une salle de spectacle à mon nom que, l'espace d'un court moment, j'ai été bluffé. En dévoilant la plaque au milieu d'une ambiance bon enfant, la fanfare municipale jouant le générique de « Champs-Élysées », sans rien laisser paraître de l'émotion et de la solennité qui m'étreignaient, j'ai pensé « Bon, ben ça y est, tu y es, là »… J'allais sur mes soixante-quinze ans. Ce n'était qu'une modeste plaque à deux pas de la sous-préfecture. Mais Vire était le berceau de ma naissance, de ma jeunesse où tant de citoyens n'auraient pas misé un rond sur moi.

L'année d'après, comment aurais-je pu imaginer que sur la scène du cinéma Le Basselin, salle servant autrefois à la cérémonie de la remise des prix scolaires (mes frères les collectionnaient quand j'obtenais seulement celui de gymnastique et une mention en récitation), je reviendrais présenter mon seul en scène devant mes ex-camarades de classe et d'anciens patients de mon père largement octogénaires (et toujours debout : eux avaient suivi à la lettre les ordonnances du docteur Drucker) ?

Finalement, je n'avais pas volé mon prix en récitation.

Cette belle assurance n'a duré qu'un moment. Quand l'inquiétude vous prend jeune, elle ne vous quitte plus. C'est dans la nature des choses. Entre mes dix ans et aujourd'hui, la vie s'est chargée de multiples piqûres de rappel. Par exemple, au milieu de la décennie 1980, lorsque mon frère Jacques, épidémiologiste renommé en poste à Dakar, est rentré d'Afrique.

— Michel, je vais te dire quelque chose, un fléau va s'abattre sur nous...

C'était le sida, on commençait seulement à prononcer ce nom terrible. Jacques a su parmi les premiers que ce mal allait ravager la planète. Avec les professeurs Philippe Maupas et Alain Goudeau, dans les années 1970, ils avaient découvert le vaccin contre l'hépatite B.

Au fond, j'avais tout le bagage nécessaire pour devenir un obsessionnel de la santé, ce qui ne m'a pas empêché de souffrir vers la vingtaine d'un zona et d'un début d'ulcère à l'estomac.

Les coquillettes, les fruits et légumes, le thé, le miel que je mange encore, sont les madeleines de mon enfance, ils ont le parfum d'antan et d'une famille pas comme les autres. En vérité, tous les gosses peuvent saisir les chances qu'on leur donne. Moi, ce fut ce capital et cette obsession de la santé qui m'ont permis de m'accrocher et durer malgré mes faibles capacités.

Chez les Drucker, nous ne restions jamais longtemps à table, mon père était trop pressé, anxieux, impatient. Alors, sur la question de l'hygiène de vie, discrètement, devenir un fort en thème ne m'a pas demandé beaucoup d'efforts. Aux aguets, j'ai acquis très vite le don de l'inquiétude et d'anticiper les mauvais coups.

Presque tout ce qui faisait plaisir aux autres, les joies de leur jeunesse, moi, sans rien dire ni emmerder personne, j'ai compris, dans le cabinet de papa, que ces excès faisaient grossir, vieillir, souffrir et enfin mourir.

Si le petit garçon que je fus n'a pas appris grand-chose, cette discipline et cette anticipation ont forgé sa destinée. Aujourd'hui, il est temps de partager mon expérience.

Pour partager, il n'est jamais trop tard.

Derrière les spots de télévision, les rideaux rouges des théâtres, au fond, je poursuis les traces paternelles. Je consulte, je diagnostique, je recommande, le plus souvent par téléphone, en médecin de la famille des arts et du spectacle. Mes clients sont des acteurs, des chanteurs... Des voisins et des téléspectateurs aussi. Je soigne n'importe qui, n'importe quoi, n'importe quand et n'importe où, comme papa, comme ces merveilleux médecins de famille. J'aime ça. Je sais comment aller mieux, qui aller voir pour être soulagé, dans toutes les spécialisations médicales. Mon agenda regorge de praticiens, de cliniques. Ma tête est pleine de conseils... Comme mon père, je suis toujours de garde et mon cabinet est ouvert jour et nuit.

Mon premier secret de longévité réside dans mon enfance, aux côtés de mon père, médecin généraliste passionné comme il en existe encore beaucoup. Si on ne guérit jamais des blessures de son enfance, c'est là aussi qu'on trouve ses meilleurs atouts pour affronter l'existence.

C'est grave, docteur ? (1)

Sa jeunesse, Charles Aznavour

Lorsque l'on tient
Entre ses mains
Cette richesse
Avoir vingt ans
Des lendemains
Pleins de promesses
Quand l'amour sur nous se penche
Pour nous offrir ses nuits blanches
Lorsque l'on voit
Loin devant soi
Rire la vie
Brodée d'espoir
Riche de joies
Et de folies
Il faut boire jusqu'à l'ivresse
Sa jeunesse

Il faut du temps pour rester jeune

Car tous les instants
De nos vingt ans
Nous sont comptés
Et jamais plus
Le temps perdu
Ne nous fait face
Il passe

Souvent en vain
On tend les mains
Et l'on regrette
Il est trop tard
Sur son chemin
Rien ne l'arrête
On ne peut garder sans cesse
Sa jeunesse

Avant que de sourire et nous quittons l'enfance
Avant que de savoir la jeunesse s'enfuit
Cela semble si court que l'on est tout surpris
Qu'avant de le comprendre on quitte l'existence

Lorsque l'on tient
Entre ses mains
Cette richesse
Avoir vingt ans
Des lendemains
Pleins de promesses
Quand l'amour sur nous se penche
Pour nous offrir ses nuits blanches

C'est grave, docteur ? (1)

Lorsque l'on voit
Loin devant soi
Rire la vie
Brodée d'espoir
Riche de joies
Et de folies
Il faut boire jusqu'à l'ivresse
Sa jeunesse

Car tous les instants
De nos vingt ans
Nous sont comptés
Et jamais plus
Le temps perdu
Ne nous fait face
Il passe

Souvent en vain
On tend les mains
Et l'on regrette
Il est trop tard
Sur son chemin
Rien ne l'arrête
On ne peut garder sans cesse
Sa jeunesse

Dès que je vois un médecin, je rajeunis : ma vie va s'améliorer. Je serais ministre d'Emmanuel Macron, je pondrais une loi pour remplacer tous les cafés par des cabinets médicaux et des laboratoires. Cela provoquerait un tollé, une cause d'impopularité, mais les résultats seraient spectaculaires. Je laisserais mon nom au siège de la Sécurité sociale. Mon père serait fier de moi.

Je pensais avoir dans mon agenda les coordonnées de tous les spécialistes de la science d'Hippocrate, n'être jamais pris au dépourvu, pouvoir répondre à tous les appels de détresse, mais on n'est jamais assez précautionneux ni imaginatif. Un homme averti en vaut deux, pourtant il a toujours une faille.

Lors d'une rencontre avec l'éditeur Philippe Héraclès, j'ai eu un choc. Il m'a parlé d'un médecin, sérieux, réputé, auteur de plusieurs livres, qui travaillait sur un seul et unique sujet dont il est devenu l'expert : les centenaires.

44

C'est grave, docteur ? (1)

Mon sang de septuagénaire n'a fait qu'un tour. Bonne nouvelle, le centenaire c'est pour demain : j'ai toujours aimé anticiper.

— Il est où ce monsieur ?

— En Poitou je crois, mais il vient souvent à Paris. Il prépare son prochain livre.

— Sur quel sujet ?

— … Encore les centenaires, et le bonheur.

— Il faut absolument que je le rencontre. C'est urgent.

J'ai bondi sur mon téléphone et j'ai composé son numéro. Un homme a décroché, charmant.

— Enchanté… Oui, effectivement, je suis gérontologue, j'étudie le phénomène du vieillissement.

— Mais c'est merveilleux ! C'est extraordinaire, c'est fascinant…

— Oui, oui… Je…

— Quel métier passionnant ! Et vous connaissez le sujet…

— Oui, assez bien maintenant, depuis trente ans que…

— À fond, vraiment ?… Mais comment vous est venue cette passion ?

— Il y a…

— Écoutez, le mieux serait que nous en parlions, vous ne croyez pas ? Je peux vous inviter à déjeuner, quand vous voulez ?…

45

Un peu surpris par mon enthousiasme, mon insistance, cet homme charmant a accepté. Et c'est ainsi que j'ai rencontré le bon docteur Michel Allard.

Un jour, plutôt que de traquer la maladie, les virus, les bactéries, toutes ces vacheries qui nous attaquent, ce brillant médecin a préféré prendre le problème à l'envers, par le haut, et mener une existence plus optimiste. Le docteur Allard s'est mis à explorer des zones ignorées. Mieux, plutôt que de se pencher sur nos maladies, il s'est intéressé à ce qu'il nomme le «modèle positif». Pas afin de savoir pourquoi nous nous affaiblissons, tombons malades, mais au contraire pourquoi nous restons forts, valides, en forme! Pour quelles obscures raisons certains d'entre nous ne font-ils pas de vieux os tandis que d'autres pètent la forme à quatre-vingts, quatre-vingt-dix ans, invincibles, insensibles à ce qui fait de la vieillesse un naufrage? En toute logique, le docteur Allard s'est donc mis à étudier les centenaires et les motifs de leur longévité.

Nous nous retrouvons à déjeuner dans mon restaurant fétiche, le Café de l'Alma, à deux pas de la rue Cognacq-Jay. Je vois arriver un homme grand, costaud et sympathique, un peu plus jeune que moi, ex-généraliste qui s'est spécialisé dans sa passion. Pas du tout le genre mondain. Il siège également au conseil d'administration de MSF, Médecins sans frontières. Ma curiosité l'amuse autant que son savoir m'intrigue. Je ne peux pas m'empêcher d'aller droit au but : les secrets de la longévité existent-ils ? Les centenaires ont-ils des critères, des comportements en commun ? Oui, me répond-il, avec toutefois une certaine réserve propre au bon médecin. Et nous commençons à discuter. En cinq minutes, j'ai l'impression que nous nous retrouvons comme deux vieux copains de fac alors que je n'ai jamais mis les pieds dans une université. Nous parlons d'une discipline qui nous obsède depuis des années, sauf que ce praticien est bien plus calé que moi.

Comme le nombre de seniors en général, la famille des centenaires est en plein boom. En France, on en comptait trois mille en 1990. Aujourd'hui, ils sont plus de vingt mille. Cinq femmes pour un homme, ce qui trahit bien l'inégalité entre hommes et femmes qui subsiste de nos jours. Les bonshommes picolent, fument comme des pompiers, oublient leurs calories, leur cholestérol, se stressent et se crèvent au boulot quand leurs dames sont quand même beaucoup plus sereines. Toutefois, depuis ces dernières années, ce déséquilibre tend à s'estomper puisque de plus en plus de femmes mènent des existences d'hommes.

En 1989, le docteur Allard a conduit la plus vaste étude mondiale consacrée aux centenaires. Un vaste coup de filet où il a étudié un tiers de cette tranche d'âge en France, dont la fameuse Jeanne Calment, doyenne des Français, voire même de l'humanité, malgré quelques rivales dont la probité ne convainc guère le Docteur Allard.

— Vous savez, Michel, il y a malheureusement des escroqueries aux centenaires.

— Ah bon, mais pourquoi ?

— Par exemple, à cause de Staline. C'est venu d'URSS, au milieu des années 1950. Lorsque Staline a commencé à vieillir, le Petit Père des peuples est devenu de plus en plus hypocondriaque, redoutant à outrance la maladie et la mort.

Je fronce les sourcils, effrayé par cette révélation : Joseph Staline était comme moi.

— Dzhugashvili, car Staline n'est qu'un pseudonyme qui veut dire « acier » en russe (déjà tout un programme sur le mental de ce personnage), était né en Géorgie. Pour le rassurer, on lui a fait croire que, nombreux était les habitants de ce pays qui devenaient centenaires, il allait le devenir lui aussi ! Les villages qui déclaraient un centenaire se voyaient offrir un tracteur agricole. Du coup, dans les campagnes, de plus en plus de vieux se sont mis à vivre jusqu'à cent ans. On tripatouillait leurs papiers d'état civil en lambeaux, on changeait un chiffre et hop, un tracteur ! Avec la complicité de tout le kolkhoze parce que les voisins bénéficiaient du cadeau. Bref, une vraie mafia de faux centenaires. Du coup, les chiffres ne veulent plus rien dire. De quoi rendre fous les historiens.

— Mais Staline était content.

— La fraude était très sensible dans le Caucase, connu pour son taux exceptionnel de beaux vieillards. Le problème s'est reproduit en Chine pour les mêmes raisons. Le régime, depuis Mao, honore les grands anciens. La Chine et l'URSS étant rivales, elles se tiraient la bourre quant à qui déclarerait le plus de centenaires, preuve aux yeux du monde que les populations vivaient bien et long-temps sous le régime communiste.

C'est fou, dans certains coins du monde, on s'est vieilli pour acquérir du prestige et rester considéré, exactement l'inverse de la télé.

— Figurez-vous que l'Himalaya aussi est un nid de centenaires bidon, en costume traditionnel, parce qu'ils attirent les touristes. Les monastères bouddhistes ouverts aux étrangers en réclament.

— Je vous jure, docteur, que moi, je veux devenir un centenaire authentique.

— À vue de nez, comme ça, vous me parais-sez pas mal parti… Qu'est-ce que vous prenez?

Avant de se pencher sur la carte, je le vois me décocher un regard. Le docteur m'attend au tour-nant. Il ne sait pas à qui il a affaire, M. Centenaires.

— Chiffonnade de frisée et ses radis.

— Moi pareil.

À ma surprise, il ne commente pas nos choix.

— Docteur, vous ne me félicitez pas ?

— Manger sain, frugal, n'est pas si déterminant.

— Comment ça, pas déterminant ?! Ça ne fait
pas cinquante ans que je suis aux carottes râpées
et à l'eau minérale pour m'entendre dire que j'aurais pu me taper les mêmes gueuletons que Gérard
Depardieu !

— Je n'ai pas dit cela. Simplement, la question de l'alimentation n'est pas la première.
D'abord, je préférerais savoir si vos parents sont
décédés, et en ce cas, à quel âge ?

Je flanche. Ni Abraham ni Lola n'ont vécu
cent ans, hélas. Mon père est parti le premier,
assez jeune, à quatre-vingts ans, ma mère en 1996,
à quatre-vingt-dix ans. Pas mal, quand même. Je
pense que je tiens de ma mère. Je communique
ces dates au docteur.

— Des frères, des sœurs décédés ?

— Quoi, ça compte aussi ?

— Tout compte, il s'agit d'établir la moyenne
d'âge de décès dans votre famille.

— Disons une moyenne moyenne, pas tip
top, pas au fond du trou non plus. Ça ne gâche
pas trop mes chances, docteur ? Et puis mon père
a fumé toute sa vie, c'était un anxieux, un sanguin.

C'est grave, docteur ? (1)

S'il avait eu une meilleure hygiène de vie, il aurait sans doute vécu beaucoup plus longtemps.

— Oui, sans doute, mais si votre père était tabagique et tourmenté, c'est dans vos gènes aussi. Elles ramassent tout, ces petites bêtes. Chaque facteur joue un rôle, c'est une chaîne participative, vous comprenez. Le premier indice de longévité est la carte génétique de vos deux parents.

— C'est injuste.

Michel Allard rigole.

— Le grand âge n'est pas un monde parfait.

— C'est bien dommage. Et quels sont les autres critères, s'il vous plaît ?

Je le fixe, plein d'espérance et d'inquiétude. Resterai-je dans la course ?

En fait, le docteur Allard distingue trois groupes de caractères qui vont déterminer votre durée de vie. En premier l'hérédité donc, qui influence à 50 % notre durée de vie. Pourquoi une tortue peut-elle vivre jusqu'à deux cents ans ? Parce que son papa et sa maman tortues ont vécu jusqu'à deux cents ans ! Voilà, circulez, il n'y a rien à voir. Certaines espèces, familles dans une même espèce ou individus ont des gènes d'une exceptionnelle longévité.

— Ce qui n'est pas sans créer des jalousies, d'ailleurs, commente Allard. Voyez-vous à quoi je fais allusion ?

— Non.

— Certains rêvent d'injecter de bons gènes à ceux qui n'en bénéficieraient pas. Je ne dirais pas «manipulations» génétiques car c'est très connoté négativement et il n'y a pas de raison. Soyons franc, cette tentation porte un nom, il s'agit d'une nouvelle ère du génie génétique. Cela se pratique déjà pour guérir certains enfants atteints de maladies génétiques rares et très graves, surtout quand il n'y a qu'un seul gène à changer, mais pour la longévité il y a sûrement de très nombreux gènes en cause. De bons gènes résistent mieux, évidemment.

— Évidemment.

Je n'ose pas avouer à mon nouvel ami que je trouve à cette perspective des aspects séduisants.

— On pourrait – pas vous, pas maintenant, mais un jour –, me greffer des gènes de tortue, vous croyez?

— Cela devrait finir par pouvoir se faire, Michel. Mais pour le moment, c'est absolument interdit et fortement déconseillé. Et peut-être qu'avec des gènes de tortue, vous vous déplaceriez très lentement! Pas sûr que cela vous plairait! Comment le dit la comptine enfantine : jamais on ne verra la famille tortue courir après les rats.

— Bien sûr, je plaisantais. C'est que, voyez-vous, j'ai été proche de Claude François, qui s'injectait un antivieillissant à base de testicules de taureau de Roumanie.

Mon nouvel ami me regarde, perplexe.

— Pourquoi roumains?

— Je ne sais pas. Les Roumains sont très endurants. D'ailleurs, docteur, mon père venait de Roumanie.

Allard hausse les sourcils. Je me demande si je ne l'ai pas choqué en évoquant les potions magiques de Claude François.

— Non non, cela se pratiquait beaucoup, déjà au XIXᵉ siècle, par un savant nommé Brown-Séquard; il y en a même un autre, Voronoff, qui a essayé en greffant des testicules de singe! Mais les résultats étaient très décevants.

— Rassurez-vous, docteur, ma femme et moi aimons trop les animaux pour sombrer dans de tels extrêmes. D'ailleurs, de toute ma vie, je n'ai pratiquement jamais rien fait d'interdit, je vous jure, c'est triste, mais c'est la vérité. Pour en revenir à notre sujet, des doses massives de bons gènes peuvent-elles aider un vieillard à retrouver de la vigueur ou à se maintenir en vie?

— Je pense que oui, il faudrait pousser les recherches, les protocoles. On ne peut pas transplanter des génomes d'homme à homme aussi facilement que du sang d'un même groupe. Vous imaginez les dérives possibles, Michel. Des populations pauvres, par exemple, pourraient vendre leurs bons gènes à des populations plus nanties mais n'ayant pas une aussi bonne carte génétique. La porte ouverte à tout.

— Si un être humain donne ses gènes à un autre être humain, cela a-t-il des incidences néfastes sur sa santé, son équilibre ?

— On ne sait pas. À partir d'un bon gène, bien résistant, actif, on pourrait en dupliquer des milliers, des millions, en faire des doses. Cela pourrait devenir une sorte de vitamine, dans l'avenir. Mais là encore, la longévité est supportée par de très nombreux gènes, très divers, et puis il y a l'épigénétique qu'on ne connaît pas : pourquoi ce gène va-t-il s'exprimer dans telle cellule et pas dans telle autre ?

— N'est-ce pas déjà le cas, illégalement ?

Allard soupire. Ni lui ni moi ne serons sans doute encore de ce monde pour voir cette question devenir un des enjeux majeurs du XXIe siècle, mais je crois que l'on va avoir des surprises.

Selon lui, le second facteur de longévité, qui compte pour environ 40 %, est votre comportement face à votre environnement : le cadre de vie, la qualité de l'air, de l'eau…

— Vous pouvez appliquer tous les bons conseils d'un diététicien, d'un mage vitaliste ou de la philosophie zen, si votre habitat est pollué, si votre biotope est agressif, vous en êtes affecté.

— C'est le problème ! Comment respirer tous les jours le bon air pur quand on travaille en ville au milieu de tous les polluants du monde ?

C'est grave, docteur ? (1)

Ce sont tous les facteurs du mode de vie. Le milieu social, la culture, l'alimentation, la discipline et la volonté de chaque sujet. Tout ce qu'Allard appelle la stratégie. Je suis soulagé, j'aurais pensé que c'était bien davantage, mais 40 %, c'est tout de même énorme.

— Par exemple, si je ne fume pas, j'accrois considérablement mes chances de devenir centenaire.

Allard me jette son œil malin.

— Je ne vous démens bien sûr pas, mais c'est un peu plus complexe. En fait, le tabac a une forte tendance à protéger les gens qu'il ne tue pas.

— Pardon ?

— Eh oui. Un homme qui fume beaucoup risque de multiples cancers, des accidents cardio-vasculaires. Les campagnes anti-tabac sont légitimes, c'est un fléau… Cela dit, un gros fumeur qui ne développe aucune pathologie liée au tabac (comme de l'emphysème pulmonaire ou une bronchite chronique genre BPCO[1]) se verra protégé d'autres maladies, précisément grâce au tabac – notamment la maladie d'Alzheimer. La nicotine a des rapports surprenants avec les facultés cognitives. Mais dans le doute, abstiens-toi !

— C'est compliqué.

_____
1. BPCO : broncho-pneumopathie chronique obstructive.

— C'est humain. Ambivalent, souvent para-doxal.

Je toussote.

— Et les 10 % restants ?

— C'est la chance, le hasard tout simplement. Vous pouvez avoir tous les meilleurs gènes du monde, avoir eu des parents tous les deux cente-naires, un comportement exemplaire, si un asté-roïde venu du ciel vous tombe dessus, finis pour vous tous les espoirs de longévité. Pareil si vous ren-contrez un virus très méchant, un fou qui vous abat avec une mitraillette, un chauffard ivre qui vous écrase, etc. Ça, c'est la chance... ou la malchance.

— Comme Cloclo, mort dans sa salle de bains en changeant une ampoule à moins de quarante ans ! Quelle malchance.

— Non, là, c'est le comportement : il a man-qué de prudence, de circonspection pour ne pas avoir coupé le courant électrique.

— Prudence et circonspection sont donc les deux mamelles d'une longue existence. En fait j'écris un livre sur le temps, je suis un obsessionnel de la durée, moi, vous savez.

— On me l'a dit, cher Michel... Tiens, en voilà un facteur de longévité ! L'idée de durer fait durer, psychologiquement parlant. C'est quelque chose de très important, l'élan vital, l'allant, le désir de vivre... longtemps.

J'exulte.

C'est grave, docteur ? (1)

— J'en étais sûr ! En fait, je voudrais savoir, enfin, si vous vouliez bien, si vous aviez un peu de temps, je... Je voudrais savoir si selon votre expertise, j'ai de bonnes chances de devenir centenaire, un centenaire correct, sortable disons, montrable en télé...

J'en ai marre de tortiller, j'y vais direct.

— Et si vous pouviez m'aidez à y réussir !

Le docteur Allard éclate de rire.

— Vos chances exactes, mais vous ne les connaîtrez jamais, Michel ! Des indices, un faisceau de présomptions, oui. La part des surprises et des impondérables de l'existence est trop grande. Mais il y a des critères, oui, des corrélations, des liens de cause à effet qui sont favorables ou défavorables à la longévité.

— Et si je vous ai bien compris, docteur, ce sont aussi bien des facteurs psychologiques que physiques, le sport ou l'exercice, le mode de vie, les sentiments, le job...

— Oui, absolument.

— Si vous saviez, docteur, tout le mal que je me donne... et ça ne date pas d'hier, j'ai toujours été comme ça.

— Oui, l'angoisse que vous a transmise votre père s'est fixée sur ce point...

Je frémis.

— Et l'angoisse, malheureusement, c'est mortel.

— Oui… et non. Voilà encore une question complexe.

Impassible, Allard attaque sa chiffonnade de frisée.

Subjugué, j'en oublie de manger. Un monsieur que nous n'avions pas remarqué et qui déjeune juste devant nous, un bon vivant, se retourne sur sa chaise, essuyant sa bouche avec sa serviette.

— Et pour devenir centenaire, dites donc docteur, il faut baiser beaucoup, un peu ou pas du tout ?

Comme quoi, le sujet passionne tout le monde. J'écarte mon assiette et sors mon agenda pour reprendre au plus vite un rendez-vous avec le docteur Allard.

Une forme olympique

« Nos jours ne sont beaux que par
leurs lendemains. »

La Gloire de mon père, Marcel Pagnol

Quand je suis monté à Paris, je respirais mal :
le métro, le bruit, le trafic, la pollution me bar-
bouillaient. Je me sentais patraque. Et je comptais
mes heures de sommeil, aussi. Mais au moins, pour
m'adapter à la capitale, grâce aux leçons de mon
père je pouvais me prémunir contre le cholestérol,
la cirrhose, l'insomnie…

Si les excès de Johnny, la décontraction de
Dutronc ou le charme lunaire de Polnareff m'im-
pressionnaient, mes vraies idoles brillaient plutôt
sur les stades, sur les pistes.

À l'hiver 1968, Jean-Claude Killy et Alain
Calmat furent les grandes figures des Jeux olympiques de Grenoble, Jeux qui marquèrent

l'apothéose du général de Gaulle. Personne ne se doutait qu'il serait balayé après la révolte étudiante et le tsunami de Mai 68 quelques mois plus tard.

À Grenoble, Alain Calmat, dernier porteur de la flamme, a gravi les marches pour allumer la vasque olympique. Je ne passe jamais par Grenoble sans m'arrêter dans ce lieu chargé d'histoire.

Mon père admirait particulièrement Calmat.

— Michel, tu vois, *lui,* non seulement il est champion de patinage mais il mène en même temps des études de médecine pour devenir chirurgien.

Pour papa, Calmat était parfait, ce qui était évidemment loin d'être mon cas. Comment rivaliser ? Flamme olympique, études et diplômes, performances et hygiène de vie – peu de champions réussissent le tour de force de réussir à la fois leurs parcours personnel et professionnel… J'aurais tant rêvé être comme Alain Calmat, fils idéal qui aurait rendu fier n'importe quels parents !

Mais le véritable héros des Jeux de Grenoble s'avéra être Jean-Claude Killy, un douanier savoyard de vingt-quatre ans – Toutoune pour les intimes. Killy, qui deviendra un de mes mentors, à l'égal de Charles Aznavour. Comment ne pas admirer le champion ayant su décrocher une triple médaille d'or avant de réussir avec le même brio quatre carrières successives ? Son destin est une des plus belles aventures contemporaines.

Son père possédait un hôtel à Val-d'Isère où séjournait souvent Antoine Riboud, le patron du groupe Danone. Après que le jeunot eut raflé ses trois médailles d'or (descente / super G / slalom), un conseil de famille se réunit, Antoine Riboud donna son avis et la décision ne tarda pas à être prise : Jean-Claude Killy s'arrêtait et ne disputerait même pas, quatre ans plus tard, les Jeux olympiques d'Innsbruck. En pleine gloire, le skieur renonça à sa carrière sportive, pressentant ne jamais pouvoir faire mieux. Il préféra entreprendre une reconversion bien avant le déclin irréversible chez la plupart des champions une fois la trentaine passée. Killy poursuivit donc son envol outre-Atlantique où il devint une superstar.

Nous sommes presque jumeaux, il a un an de moins que moi. Rien ne lui a jamais tourné la tête ni fait perdre sa silhouette d'ascète. Je me souviens de l'un de ses premiers conseils dans les années 1970 :

— N'oublie pas que ton capital, lorsqu'on est autant exposé que toi, c'est d'abord ton physique. Maintenant que tu connais ton métier, pour durer, la différence va se faire sur ton image, donc sur ta forme.

Le champion Killy a pris le relais du docteur Drucker.

C'est Jean-Claude, le premier, qui m'a affirmé qu'une carrière publique ressemblait à une compétition de haut niveau :

— T'es parti pour un marathon. Ta discipline, la gestion du temps et de ton moteur, faut que ce soient les mêmes que pour un grand sportif.

Mon parcours n'est pas si éloigné de celui des coureurs cyclistes du Tour de France. Comme eux, j'ai un certain nombre d'étapes à accomplir par saison, aujourd'hui les quarante «Vivement dimanche», de septembre à juin, avec des cols et des pavés, des faux plats, certains jours à subir le vent de face, d'autres avec un vent dans le dos qui vous donne des ailes. Et l'importance cruciale de réunir de bons équipiers sachant ouvrir la voie, déblayer le terrain, vous stimuler, vous abriter.

Depuis 1965, j'observe passionnément les champions sportifs, toutes disciplines confondues : Jacques Anquetil et Bernard Hinault, Christine «Kiki» Caron, Jeannie Longo ou Alain Prost, Raymond Kopa, Just Fontaine et Pelé, jusqu'à Zidane et Griezmann. Le sommet n'a guère de secret, tous ceux-là ont vaincu les épreuves pour arriver au top parce qu'ils s'entraînaient plus que les autres, avec un supplément de rigueur. C'est le cycle de la performance. Plus vous sollicitez vos neurones, vos muscles, votre capacité pulmonaire et cardiaque, votre mémoire, plus vous parvenez à gérer vos émotions, le stress, le doute, l'angoisse. Avec un meilleur moteur, vous obtenez la maîtrise totale. Un «plus» qui permet d'atteindre la liberté et la longévité.

Une forme olympique

Alain Prost, comme Killy, a gardé la même discipline que lorsqu'il roulait sur les circuits de formule 1. La plupart des grands champions conservent un métabolisme proche de celui qu'ils entretenaient quand ils étaient au plus haut niveau. Pas par nostalgie ou par masochisme, mais parce que c'est celui qui vous garantit le meilleur équilibre et la longévité.

Sachant que leurs carrières sont courtes, excédant rarement une tranche d'âge entre quinze et trente-cinq ans, ils se sont astreints à ne pas rater un entraînement. Ce n'est pas un hasard si les grands champions sont les plus difficiles à recevoir sur un plateau de télévision : indisponibles sept jours sur sept, ils s'entraînent sans cesse. En cas d'absence de huit ou dix jours, la reprise est douloureuse. À mon petit niveau, dès que je me relâche, mon énergie diminue. Le moteur tousse de ne plus fonctionner à sa cadence habituelle. Inutile de le faire tourner trop vite, pas en sous-régime non plus. S'arrêter net quand on en fait beaucoup provoque un déséquilibre. Si vous ne pédalez plus pendant deux mois mais que vous continuez à nager, vous ne manquerez pas de souffle en reprenant le guidon. Dès qu'on ralentit, par goût ou par obligation, il faut savoir compenser par autre chose : piloter, s'occuper, rester intellectuellement et physiquement au taquet, en situation de challenge. Votre corps vous remerciera.

Il n'aime pas être négligé. Si tel est le cas, il peut bouder un certain temps. Grippé, le moteur peut caler, voire ne pas repartir, et là, vous entrez dans une autre période : la vieillesse. Allez, courage !

Pour bien vieillir, quelle que soit votre activité, le virage de la retraite est capital puisqu'il peut signifier un relâchement généralisé. Un muscle qui ne travaille plus, c'est inquiétant. D'autant qu'avec l'âge, on perd rapidement du côté des jambes. Les pas deviennent moins rapides, les escaliers ne se montent plus si facilement. Autant que vous pouvez, évitez les ascenseurs, le plus longtemps possible obligez-vous à gravir les étages à pied. Jean Piat me l'a toujours répété : « Michel, les jambes, les jambes, les jambes ! »

Tous, Jean-Claude Killy, Alain Prost – qui, à plus de soixante ans sur son vélo dame le pion à des gamins de vingt ans – ou même Jean Piat, m'ont conseillé la natation et le cyclisme. Deux sports qui maintiennent le volume musculaire, particulièrement des cuisses et du mollet. Excellents pour le cœur, aussi. Ce n'est pas un hasard si les cardiologues conseillent le vélo après un incident cardiaque.

S'intéresser aux autres permet également de bénéficier de leurs conseils. Bien vieillir, c'est savoir écouter ceux qui savent et ne pas avoir peur de souffrir. Le sport, surtout au début, fait mal avant de devenir un vrai plaisir. J'ai commencé à le pratiquer régulièrement vers la cinquantaine, j'en ai bavé mais je ne le regrette pas. Quel que soit votre âge, mettez-vous-y, à votre rythme.

Chaque matin, après mes exercices, je ne pars pas non plus de mon domicile sans avoir avalé des compléments alimentaires conseillés par Jeannie Longo qui s'est associée depuis dix ans à un laboratoire diététique, à Nantes. Elle m'envoie mon panier-repas, rien de délirant, rien de satanique : vitamines, oméga 3, tout ce qui stimule l'organisme et préserve la mémoire. Quand je repense aux testicules de taureaux roumains que s'injectait Claude François à trente ans... La passion que j'ai pour la cause animale m'interdit ce genre de pratiques, auxquelles j'ai d'ailleurs du mal à croire. Et si ma femme apprenait que je prends de tels traitements, je crois que mes propres attributs seraient en danger.

Passé un certain âge, on perd trop de neurones. Moi qui n'utilise ni prompteur ni oreillette, je crains désormais d'avoir une panne de mémoire, de subir un de ces trous noirs que redoutent les acteurs sur les planches. Je suis monté sur une scène de théâtre pour m'entraîner à ne pas chercher mes mots. Charles Aznavour, lui, garde un dictionnaire des synonymes à portée de main sur sa table de chevet. Excellent remède apparemment, puisque Charles utilise à peine les prompteurs qu'il a sur scène.

Mon autre hantise est propre à presque tous les hommes, c'est leur point faible l'âge venant : la brioche.

Anne Roumanoff, dans un ses sketchs, le résume assez bien en s'adressant à un spectateur parmi les premiers rangs : « Faites attention monsieur, quand on prend de la brioche, on ne voit plus la baguette. »

Le chanteur Carlos, paix à son âme, me l'a avoué également, encore plus crûment : « Tu sais, Michel, moi, je ne vois plus mon sexe quand je suis debout… Quand je suis assis non plus, d'ailleurs. »

Aujourd'hui, avant d'entrer sur scène au théâtre, je mange la même chose que dans ma petite chambre d'étudiant à Caen, au-dessus de la boulangerie : des sucres lents à digérer – une assiette de coquillettes –, un fruit, du miel.

À vingt-deux ans, je pesais soixante-dix kilos, aujourd'hui, j'en pèse soixante et onze huit cents. Mais je ne désespère pas de revenir à soixante-dix. Avoir une balance dans sa salle de bains peut vous donner du bonheur autant que vous pourrir la vie.

À l'ORTF, au service des sports, je n'étais pourtant pas à bonne école, rien à voir avec les préventions paternelles. On picolait beaucoup, tout était prétexte à boire un coup, se réunir pour une bonne bouffe, passer deux heures à table, bien arrosées. Sans la ramener, je n'ai pas craqué. Je ne me suis pas laissé aller à des écarts, à des excès qui creusent votre tombe.

Les familles avaient raison de voir en moi un jeune homme sage et fréquentable, finalement ma réputation de gendre idéal était assez méritée.

En revanche, j'ai toujours mangé trop vite : point faible. Mais rester longtemps à table ne sert à rien et manger sur le pouce n'est pas trop grave à condition que le repas soit léger. J'ai découvert qu'on demeure en bonne santé en mangeant peu et à heures fixes, ce qui n'est pas toujours mon cas. Mais c'est le régime de Charles Aznavour, vétéran du métier, sacré plus grand chanteur du siècle depuis la disparition de Frank Sinatra : il déjeune tous les jours à 12 h 30 tapantes et mange peu le soir. Un verre de vin, mais du très bon. Cette vie d'ascète a mené Charles à quatre-vingt-quatorze ans.

Pour ma part, plus modestement, je dirais qu'une banane, une pomme, quelques fruits secs, des amandes pour combler un creux en fin d'après-midi sont parfaits. J'en ai toujours des réserves dans mon bureau. Et enfin pourquoi boire du café puisque c'est nocif alors que le thé vert est excellent ?

J'ajoute que manger le soir après 22 heures signifie stocker un kilo pendant la nuit. À partir d'un certain âge, s'hydrater abondamment après

19 heures risque de vous réveiller deux fois par nuit, ce qui gâche le sommeil.

De même, dormir avant minuit, même une demi-heure, compte double en terme de repos réparateur, d'où l'intérêt de se coucher à 23 heures.

Et puisque j'en suis à donner quelques conseils, la clim, que j'ai vue naître et se développer au fil de ma carrière, en privé comme en public, est une fausse amie. On ne s'en méfie jamais assez.

Pareil pour les temps de transport. Je remercierai toujours Dany, moi qui étais à l'époque économiquement faible, d'avoir pu poser ma valise si près du Triangle d'or de mes adresses professionnelles, rue Cognacq-Jay, rue François Ier, le quartier des grandes stations de radio. Dany Saval, vedette des années 1960, résidait à deux cents mètres des studios de Cognacq-Jay, avec sa fille Stéfanie, qui est devenue la mienne. Non seulement Dany m'a aimé mais elle a tout fait pour que je réussisse.

En gros, plus on s'occupe de sa santé, moins on vieillit. Après le docteur Drucker, je n'ai jamais rechigné à voir des médecins. Contrairement à l'idée reçue, plus on en voit, moins on est malade. Nous ne sommes plus au temps de Molière, les médecins modernes ne sont pas tous des charlatans... Je crois beaucoup en la prévention.

Une forme olympique

Vive le riz, vive les pâtes, vive les légumes, vive le poisson! Voilà quelle pourrait être ma devise. Oui, même les pâtes, à prendre avant un effort. L'estomac étant élastique, plus vous mangez, plus il se détend, moins vous mangez, plus il rétrécit. On peut manger peu et ne pas avoir faim.

Durant mes premières années à l'ORTF, j'aurais pu être tenté, pourtant, par les banquets, les gueuletons. Mais les nuits blanches à faire la fête ne me sont pas apparues comme un paradis. Elles auraient empiété sur mes heures de sommeil. Je me suis très tôt méfié du monde de la nuit. On rentre chez soi le teint blafard et le lendemain on a une sale gueule à la télé. Dans les boîtes on ne s'entend pas parler à cause de la musique, on transpire, on avale de la fumée et la clim vous file la crève. J'ai compris tout ça un soir. Claude François et Serge Gainsbourg voulaient absolument me faire découvrir la boîte de nuit «Chez Régine», boulevard du Montparnasse. J'y suis arrivé à 22 heures pour trouver porte close. Patiemment, je suis allé attendre l'ouverture dans un café voisin, devant deux Orangina. Trois heures plus tard, entouré de mannequins que Claude et Serge me présentèrent comme des trophées, des nymphettes tout droit sorties du studio du photographe David Hamilton, je me suis aperçu qu'il me manquait déjà deux heures sur mon temps de sommeil. La fumée me faisait tousser, la clim frissonner, je perdais ma voix, «Alexandrie Alexandra» m'attaquait les tympans, j'ai dit merci, j'ai laissé les mannequins à leur anorexie, Claude et Serge à leur génie et je me suis sauvé. Place Clichy, je me suis arrêté à la pharmacie ouverte 24 heures sur 24, j'ai acheté des comprimés pour la voix et une inhalation au thym pour ventiler mes bronches, ma came personnelle.

Parfois, pourtant, je me suis offert quelques folies. Ainsi, pendant un court moment, comme je l'ai dit, j'ai été fumeur de pipe. J'adorais respirer le parfum de l'Amsterdamer. Claude Darget, grande figure audiovisuelle, entre autres la voix de «La vie des animaux» de Frédéric Rossif, fumait ce tabac. L'Amsterdamer… Pour moi, c'était la drogue douce des personnes cultivées. Il y a des choses, comme ça, qu'on associe à l'homme que l'on rêverait d'être. À la quarantaine, je suis aussi passé pendant quelques années par la case cigare, ça me donnait un genre. Des Davidoff, le cigare des gros.

La fleur aux dents

Trousse-Chemise, Charles Aznavour

Dans le petit bois de Trousse-Chemise
Quand la mer est grise et qu'on l'est un peu
Dans le petit bois de Trousse-Chemise
On fait des bêtises souviens-toi nous deux
On était partis pour Trousse-Chemise
Guettés par les vieilles derrière leurs volets
On était partis la fleur à l'oreille
Avec deux bouteilles de vrai muscadet
On s'était baignés à Trousse-Chemise
La plage déserte était à nous deux
On s'était baignés à la découverte
La mer était verte, tu l'étais un peu
On a dans les bois de Trousse-Chemise
Déjeuné sur l'herbe, mais voilà soudain
Que là, j'ai voulu d'un élan superbe
Conjuguer le verbe aimer son prochain.
Et j'ai renversé à Trousse-Chemise

Il faut du temps pour rester jeune

Malgré tes prières à corps défendant
Et j'ai renversé le vin de nos verres
Ta robe légère et tes dix-sept ans
Quand on est rentrés de Trousse-Chemise
La mer était grise, tu ne l'étais plus
Quand on est rentrés la vie t'a reprise
T'as fait ta valise t'es jamais rev'nue.
On coupe le bois à Trousse-Chemise
Il pleut sur la plage des mortes saisons
On coupe le bois, le bois de la cage
Où mon cœur trop sage était en prison.

Avec le temps, on est aussi fier de désirer que des souvenirs de son désir. Avoir aimé reste une jouvence. Ça donne à nos artères un parfum d'éternité. Je me demande parfois si l'amour ne sert pas à nier le temps qui passe. Du passé, je garde bien plus de joies que de regrets.

Pour dire la vérité, jeune, déjà, je préférais les femmes plutôt que les jeunes filles. Je me souviens d'avoir fauté, à seize, dix-sept ans, avec la directrice d'une colonie de vacances, ce qui m'a valu quelques déconvenues. Ce centre aéré était franchement très en avance sur la question des mœurs pour les années 1960. Très cultivée, très libérée, la directrice avait un peu le profil de Simone de Beauvoir (jeune et sans chignon) et une forte présence mammaire. Mon ignorance l'a stupéfiée. Malgré mes bonnes notes en certains domaines, je n'ai pas passé l'été.

Pareil pour une prof de gymnastique, lorsque j'ai atterri dans une boîte à bac à Honfleur, déjà plus obsédé par ma silhouette que par les examens. Elle m'a d'ailleurs considérablement fait progresser en ce qui concerne le bouclier abdominal. Hélas, malgré son soutien véhément au conseil de classe, je n'ai pas tenu deux trimestres. Nous avons dû nous quitter mais elle n'a jamais eu à se plaindre de moi.

À Paris, au début de ma carrière télévisée, j'étais déjà révolté par ce qui deviendrait le racisme de l'âge, particulièrement envers ce que l'on nommait encore le sexe faible. Personnellement, les femmes mûres, les dames m'attiraient, je trouvais dommage et même scandaleux qu'on puisse les reléguer dans la catégorie des «vieilles». Ignorer leurs charmes sûrs. À partir de quarante-cinq ou cinquante ans, elles avaient mille choses à m'apprendre, à me faire découvrir. Je ne voyais pas de femmes plus belles que Jeanne Moreau, Micheline Presle, Danielle Darrieux, l'incendiaire Martine Carol... Ce qui ne m'empêchait pas d'avoir des coups de foudre pour les jeunes premières internationales : j'étais déjà amoureux de Jane Fonda – malheureusement elle l'était de Roger Vadim. (Fidèle par nature, j'ai gardé un faible pour Barbarella toute ma vie. L'interviewant encore il y a quelques années sur le canapé rouge, je dois reconnaître n'être pas certain que Jane s'en soit aperçue. Les plus grandes passions sont muettes et platoniques.)

Quant aux Italiennes, elles rayonnaient par un triplé époustouflant qui remuait les foules, hissant la Botte au niveau de l'Hexagone en matière de sex-appeal. Sophia Loren, Gina Lollobrigida et Claudia Cardinale me rendaient fébrile avant chaque interview. Qui a croisé le décolleté de Sophia Loren au bord de la piscine du Majestic lors du festival de Cannes, comme lors de ce « Rendez-vous du dimanche » en direct des années 1970, ne peut en avoir conservé que le souvenir d'une des plus belles visions du XXe siècle – quoique pour les jambes, je préférais encore celles de Silvana Mangano dans *Riz amer*, presque aussi belles que celles de ma femme, Dany.

Les speakerines aussi fascinaient la gente masculine. Nous étions tous sous le charme de Jacqueline Huet. Elle avait choisi Théo Sarapo, le jeune et dernier mari d'Édith Piaf. Étrange destin que celui de cet homme. Le 28 août 1970, tournant une émission d'été à Limoges, à deux pas de l'hôpital où on l'avait transporté, je lui ai fermé les yeux après l'accident de la route qui lui fut fatal. Et c'est moi qui ai dû apprendre cette tragédie à Jacqueline, pour éviter qu'elle ne le sache par le journal télévisé. Elle était à l'antenne ce soir-là. Depuis l'hôpital, j'ai composé le numéro des studios de la rue Cognacq-Jay. Je me souviendrai toujours du long silence à l'autre bout du fil et du courage surhumain qu'elle a eu de ne laisser rien paraître en lançant le JT qui faisait son ouverture sur la mort du chanteur. Jacqueline pulvérisait l'audience, aucun sondage ne permettait de le prouver, mais il était manifeste qu'aucun homme présent ne quittait la régie lorsque c'était son tour d'annoncer les programmes du soir. Les speakerines tournaient, au nombre de quatre ou cinq. Catherine Langeais, la doyenne, était l'épouse de Pierre Sabbagh, le patron. Jacqueline Caurat, qui communiqua aux Français sa passion des timbres avec son émission «Télé-Philatélie». Denise Fabre, qu'on ne présente pas. Et Michèle Demai ou Renée Legrand, nouvelles recrues qui égayaient la rédaction et affolaient les mâles du service des sports au bout du couloir. J'en étais. Leur bureau, une sorte de boudoir, exclusivement féminin, était un des plus fréquentés du quatrième étage.

J'étais un garçon gentil, mes complexes me poussaient à rendre toujours service, au moins si on ne me gardait pas pour mes qualités s'attacherait-on à ma gentillesse. Jeune célibataire, j'habitais place de Clichy un petit appartement qui dominait les toits. L'endroit avait du charme et tout à fait l'air d'une garçonnière. Une garçonnière, comme dans la pièce du même nom qu'ont jouée la saison passée Claire Keim et Guillaume de Tonquédec, adaptée du célèbre film de Billy Wilder.

La fleur aux dents

De ma fenêtre, à côté du cinéma Le Wepler je voyais la salle à manger de Léon Zitrone où, une serviette autour du cou il engloutissait sa soupe quotidienne.

Certains copains de la rédac, souvent mariés avec un foyer, enviaient ma chance de vivre en célibataire dans la capitale pleine de tentations. J'étais le benjamin, eux des hommes mûrs dont bien sûr je tairai les noms, quelques-uns figurant même parmi les plus célèbres de l'histoire de la télévision. J'ai commencé par prêter mon *home sweet home* à un collègue du service des sports qui en avait un besoin fou deux heures deux fois par semaine. Pas de problème. Le souci, c'est que l'info a fuité. Les demandes ont commencé à affluer. J'ai dû m'organiser, tenir un registre d'occupation de ma chambre comme un petit hôtel de charme. À l'époque, un homme marié, et connu, n'emmenait pas une jeune femme à l'hôtel, c'était aussi indécent qu'embarrassant. Mon nid sous les toits, voisin de Pigalle, faisait rêver mes aînés. Chacun avait son jour. Le lundi X, le mardi Y, lequel revenait également le vendredi, de 5 à 7.

Un jour, à la fin d'une conférence de rédaction, le patron, une des figures mythiques de la télé, me retient d'un ton mystérieux.

— Drucker, j'aimerais vous parler.

Tout le monde est sorti sauf moi. Jamais je n'avais été retenu de la sorte, moi le grouillot, le jeunot, la mascotte. Je me demandais bien ce qu'il me voulait. Mes camarades s'étaient éclipsés en me jetant des regards en biais, interrogatifs.

Le patron m'a dévisagé par-dessus ses lunettes, songeur.

— Alors comme ça, il paraît que vous avez une chambre, du côté de la place Clichy?

— Oui, monsieur le directeur.

— Et vous en faites profiter vos amis. C'est sympathique. Vous êtes un bon camarade. Voyez en moi un ami désormais. Pour moi, ce qui m'arrangerait, ce serait le vendredi en fin d'après-midi, disons vers 17 heures.

J'étais jeune et encore provincial, j'ai mis un moment à réaliser ce qu'il me demandait avec son sourire en coin. Puis j'ai blêmi.

— Mais c'est au septième, sans ascenseur, très modeste.

— Vous me prenez pour un grabataire? C'est bon, Drucker, tous les vendredis, à 17 heures. Vous avez bien noté? Et on se revoit pour la conf' de 18 heures.

J'ai dû changer le planning – le vendredi étant déjà occupé – pour faire une place au patron de l'antenne. Je me suis excusé auprès du copain, qui a compris qu'il devait céder la place devant un gros bonnet de la maison dont je n'ai jamais révélé l'identité.

L'un des plus illustres de tous, qui pensait passer inaperçu affublé d'une casquette à carreaux et de grandes lunettes, avait la hantise d'être reconnu. Malgré sa détermination, il finit par renoncer devant les sept étages à pied : il rejoignait son rendez-vous exsangue.

— Écoute c'est plus possible, j'arrive sur les genoux. Vaut mieux te libérer l'horaire.

Du coup, comme dans le film de Billy Wilder, c'est tout juste si je pouvais rentrer chez moi. Heureusement, je bossais comme un timbré, passionné par mon job, avec l'ambition d'aller loin. Ma vie intime tenait entre deux portes, et encore étaient-elles parfois encombrées.

Je restais tard le soir aussi pour récupérer les journaux que je filais à mon ami, un chansonnier, Carlo Nell, qui, ni vu ni connu, vers minuit, appelait son cousin sicilien à New York avec le téléphone du bureau. En fait, je voulais tellement me faire une place, creuser mon trou que je n'arrivais jamais à quitter mon lieu de travail. J'étais le dernier et le seul que croisaient les femmes de ménage et le pompier de service.

Un soir, tard, tandis que je fais un dernier tour des bureaux, un filet de lumière sous une porte directoriale attire mon attention, j'entre pour éteindre, certain qu'à cette heure-là, il n'y a plus personne.

Et je vois le Big Boss, sur son fauteuil, un peu éloigné du bureau, avec une femme assise sur lui, demi-nue, de dos. Elle ne me remarque pas, en arrêt dans l'encadrement de la porte, le patron, lui, me fixe, placide, sourire aux lèvres, avant de pivoter sur son siège tournant pour que j'apprécie la beauté de sa partenaire dont j'entends un léger râle de plaisir. Et il me lance un clin d'œil. Je réponds illico, d'un clignement complice, pour l'assurer de ma totale discrétion et je quitte les lieux en prenant soin de refermer la porte sans bruit.

L'ORTF au milieu des années 1960 était bien un lieu de pionniers et de passions où on en apprenait vraiment beaucoup sur le cours des choses.

Cette jolie jeune femme entrevue n'était pas speakerine, mais une journaliste montante qui est d'ailleurs devenue ensuite parmi les plus réputées. Dans un couinement de cuir et de plaisir commençait sa longue et brillante ascension. Ses talents ne se sont jamais démentis par la suite. Aujourd'hui, je me demande, pour elle comme pour moi, l'influence qu'a eue cette complicité libidinale sur nos carrières.

J'ai mes failles. Le sexe faible n'est pas l'apanage des femmes. Qu'est-ce que voulez, l'homme marié est vulnérable. Et moi, j'ai de l'indulgence pour les faiblesses, même celles de mon père. La passion n'est pas le privilège de la jeunesse.

Un jour que papa m'accompagnait à un cock-tail où se trouvait Jean Seberg, comme elle le sub-juguait, je lui ai dit :

— Viens, je vais te la présenter.

À peine intimidé, devant moi, mon père l'a invitée à danser.

À la troisième danse je me suis approché pour lui chuchoter :

— Papa, faut qu'on rentre, là…

En une demi-heure, Papa s'était réellement entiché de Jean Seberg, au point d'en devenir vert de jalousie envers Romain Gary. La star d'*À bout de souffle*, par politesse ou par sincérité, est venue me glisser qu'elle trouvait mon papa « so charming ». Quant à lui, dès le lendemain matin, il me flin-guait l'auteur de *La Promesse de l'aube.*

— C'est très surestimé Romain Gary, tu ne trouves pas ?

— Tu as vraiment lu Romain Gary, papa ?

C'était cocasse.

Il faut dire, qui aurait pu résister à Jean Seberg ?

Ce monde-là n'existe plus non plus. Je veux dire des femmes, des stars, qui en entrant dans une pièce soulevaient une sorte de séisme silen-cieux. Leur gloire les auréolait d'un supplément d'âme, en plus d'un sex-appeal démentiel. La plus grande de toutes, dans le monde entier, soudain sans frontières, était française. C'était Brigitte Bardot.

Je me souviens d'un dimanche où elle devait venir donner le coup d'envoi d'un match au stade de Colombes. Je n'avais pas pu dormir la veille et j'avoue n'avoir pas pu non plus trouver le sommeil la nuit suivante… Ce jour-là, elle est apparue. Rien de sensationnel pourtant, cheveux lâchés, un manteau d'hiver, une paire de bottes hautes, et pourtant on ne voyait qu'elle. Il était presque impossible de détacher les yeux de sa personne. Un tsunami. On ne peut pas savoir ce que suscitait BB, même hors caméra, en loge, à la cantine, n'importe où, si on ne l'a pas vécu. Elle vous fusillait d'un simple bonjour, d'un demi-sourire. Je lui ai tendu le micro complètement ébloui. Elle était à la fois l'idéal et la modernité, à la fois très disponible et totalement inaccessible.

Ensuite, très liée à ma femme dans leur cause commune pour la défense des animaux, Brigitte Bardot est devenue une amie, mais encore aujourd'hui, cela sera vrai à jamais, je ne peux pas l'évoquer ou la croiser sans le respect et l'émotion que l'on doit à un mythe qui semblait incarner l'amour même.

Ce n'est pas explicable.

Je me souviens enfin qu'au tout début des années 1960 – je ne suis pas certain de la date, cette vision me semble avoir eu lieu ce matin –, par hasard, sur le trottoir de la rue du Dragon, j'ai croisé Marilyn Monroe au bras de l'écrivain Arthur Miller – encore un homme qui ne faisait pas son âge. Ils marchaient légèrement enlacés, seuls, heureux de vivre. Personne ne semblait les remarquer sauf moi, qui les ai suivis du regard. Boulevard Saint-Germain, je les ai vus entrer pour déjeuner chez Lipp.

Ils passent encore devant mes yeux en cet instant, un demi-siècle plus tard.

Rajeunir les marques

Je n'suis pas bien portant, Gaston Ouvrard

Depuis que je suis militaire (sur la terre)
C'n'est pas rigolo…
Entre nous
Je suis d'une santé précaire
Et j'me fais un mauvais sang fou,
J'ai beau vouloir me remonter
Je souffre de tous les côtés.

J'ai la rate
Qui s'dilate
J'ai le foie
Qu'est pas droit
J'ai le ventre
Qui se rentre
J'ai l'pylore
Qui s'colore
J'ai l'gosier

Il faut du temps pour rester jeune

Anémié
L'estomac bien trop bas
Et les côtes
Bien trop hautes
J'ai les hanches
Qui s'démanchent
L'épigastre
Qui s'encastre
L'abdomen
Qui s'démène

J'ai l'thorax
Qui s'désaxe
La poitrine
Qui s'débine
Les épaules
Qui se frôlent
J'ai les reins
Bien trop fins
Les boyaux
Bien trop gros
J'ai l'sternum
Qui s'dégomme
Et l'sacrum
C'est tout comme...
J'ai l'nombril
Tout en vrille
Et l'coccyx
Qui s'dévisse

Rajeunir les marques

Ah ! Bon Dieu ! qu'c'est embêtant
D'être toujours patraque,
Ah ! Bon Dieu ! qu'c'est embêtant
Je n'suis pas bien portant.

Afin de guérir au plus vite
Un matin tout dernièrement
Je suis allé à la visite
Voir le major du régiment.
D'où souffrez-vous ? qu'il m'a demandé
C'est bien simple que j'y ai répliqué

J'ai la rate
Qui s'dilate
J'ai le foie
Qu'est pas droit
Et puis j'ai ajouté
Voyez-vous
C'n'est pas tout
J'ai les g'noux
Qui sont mous
J'ai l'fémur
Qu'est trop dur
J'ai les cuisses
Qui s'raidissent
Les guiboles
Qui flageolent
J'ai les ch'villes

Il faut du temps pour rester jeune

Qui s'tortillent
Les rotules
Qui ondulent
Les tibias
Raplaplas
Les mollets
Trop épais
Les orteils
Pas pareils
J'ai le cœur
En largeur
Les poumons
Tout en long
L'occiput
Qui chahute
J'ai les coudes
Qui s'dessoudent
J'ai les seins
Sous l'bassin
Et l'bassin
Qu'est pas sain…

Ah ! Bon Dieu ! qu'c'est embêtant
D'être toujours patraque
Ah ! Bon Dieu ! qu'c'est embêtant
Je n'suis pas bien portant.

Avec une charmante demoiselle
J'devais me marier par amour

Rajeunir les marques

Mais un soir comme j'étais près d'elle
En train de lui faire la cour,
Me voyant troublé, elle me dit :
Qu'avez-vous ? Moi, j'lui répondis :

J'ai la rate
Qui s'dilate
J'ai le foie
Qu'est pas droit
J'ai le ventre
Qui se rentre
J'ai l'pylore
Qui s'colore
J'ai l'gosier
Anémié
L'estomac
Bien trop bas
Et les côtes
Bien trop hautes.
J'ai les hanches
Qui s'démanchent
L'épigastre
Qui s'encastre
L'abdomen
Qui s'démène
J'ai l'thorax
Qui s'désaxe
La poitrine
Qui s'débine

Il faut du temps pour rester jeune

Les épaules
Qui se frôlent
J'ai les reins
Bien trop fins
Les boyaux
Bien trop gros
J'ai l'sternum
Qui s'dégomme
Et l'sacrum
C'est tout comme...
J'ai l'nombril
Tout en vrille
Et l'coccyx
Qui s'dévisse.
Et puis j'ai ajouté...
Voyez-vous
C'n'est pas tout.
J'ai les g'noux
Qui sont mous
J'ai l'fémur
Qu'est trop dur
J'ai les cuisses
Qui s'raidissent
Les guiboles
Qui flageolent
J'ai les ch'villes
Qui s'tortillent
Les rotules
Qui ondulent

Rajeunir les marques

Les tibias
Raplaplas
Les mollets
Trop épais
Les orteils
Pas pareils
J'ai le cœur
En largeur
Les poumons
Tout en long
L'occiput
Qui chahute
J'ai les coudes
Qui s'dessoudent
J'ai les seins
Sous l'bassin
Et l'bassin
Qu'est pas sain…
En plus d'ça
J'vous l'cache pas
J'ai aussi,
Quel souci !
La luette
Trop fluette
L'œsophage
Qui surnage
Les gencives
Qui dérivent
J'ai l'palais

Il faut du temps pour rester jeune

Qu'est pas laid
Mais les dents
C'est navrant
J'ai les p'tites
Qui s'irritent
Et les grosses
Qui s'déchaussent
Les canines
S'ratatinent
Les molaires
S'font la paire
Dans les yeux
C'est pas mieux
J'ai le droit
Qu'est pas droit
Et le gauche
Qu'est bien moche
J'ai les cils
Qui s'défilent
Les sourcils
Qui s'épilent
J'ai l'menton
Qu'est trop long
Les artères
Trop pépères
J'ai le nez
Tout bouché
L'trou du cou
Qui s'découd

Rajeunir les marques

Et du coup,
Voyez-vous,
J'suis gêné
Pour parler
C'est vexant
Car maint'nant
J'suis forcé
D'm'arrêter...

Ah ! Bon Dieu ! qu'c'est embêtant
D'être toujours patraque
Ah ! Bon Dieu ! qu'c'est embêtant
Je n'suis pas bien portant.

N.B. : Eh oui, j'ai connu aussi Gaston Ouvrard (né en 1890), comique troupier d'après-guerre. Bien entendu son plus grand succès, sur une musique de Vincent Scotto, ne pouvait pas me laisser indifférent, et je ne résiste pas au plaisir de publier intégralement le texte de cette chanson, un classique. Si j'en avais le talent, j'aurais aimé signer cet hymne à l'hypocondrie.

À la rentrée 2015, une nouvelle direction est arrivée à la tête de la télévision publique et le patron de France 2 m'a convié à déjeuner au Café de l'Alma, à deux pas de la mythique rue Cognacq-Jay, cantine de mon quartier où j'ai vu défiler trois générations de patrons.

Je suis un homme d'habitudes, tout change sauf moi.

Le patron est donc venu accompagné de son bras droit, une femme, et moi de Françoise Coquet, ma coproductrice de toujours. Le repas s'annonçait aussi informel qu'agréable. «Vivement dimanche» est devenu un rendez-vous incontournable, sa bonne audience constante, cette prise de contact avec le nouvel état-major ne peut qu'être suivie de perspectives positives.

Le patron, fraîchement nommé, est un homme brillant, discret, voire secret, qui s'est exercé sur plusieurs chaînes dont Arte, un homme de terrain qui connaît bien les antennes. Nous avons déjà collaboré au temps de « Studio Gabriel », je ne suis pas inquiet. Mais c'est souvent lorsqu'on se sent trop confiant, à l'abri, que nous nous trouvons le plus vulnérable.

Le déjeuner se passe à causer de choses et d'autres, en attendant le dessert, heure à laquelle les sujets sérieux viennent toujours sur le tapis. Françoise et moi espérons des paroles amicales annonçant que « Vivement dimanche » a encore quelques belles saisons devant lui.

On rêve !

Imperceptiblement, je remarque que le directeur des programmes emploie un ton hésitant, loin de l'effusion, qu'il prend beaucoup de précautions pour évoquer notre avenir, en pesant bien chaque mot. Un porteur de mauvaises nouvelles brille rarement par sa clarté, il faut souvent dresser l'oreille pour décrypter ses augures. Ses hésitations sont autant de réserves, ses silences, une condamnation. Devant son espresso, il use d'une formule qui ne m'alerte pas sur le coup : selon lui, les dix-huit années d'ancienneté de « Vivement dimanche » nécessitent de « renouveler les marques ».

Bon, d'accord. Je comprends « rajeunir les marques », c'est un grand classique du monde médiatique, tout renouvellement implique un coup de jeune, mais je ne sens pas le péril.

— Nous en rediscuterons, Michel, précise-t-il, avant d'enchaîner : Nous n'arrêterons pas « Vivement dimanche » à 14 heures sans ton accord, bien sûr.

Je ne réalise pas bien. Le nouveau patron est-il venu m'enterrer en me tressant fleurs et couronnes ? Le poison qu'il vient d'inoculer n'agit pas immédiatement. Maintenant que nous voilà dans le vif du sujet, il me fait comprendre qu'il vaut mieux arrêter « Vivement dimanche », avant de conclure, souriant :

— En revanche, on va te rallonger « Vivement dimanche prochain » le soir.

L'audience du soir est effectivement excellente. Mais cette largesse n'est qu'un sursis. Mon interlocuteur parle tout bas, lentement. La décision est déjà prise, il vient m'assener le coup de grâce tout en ne cessant de répéter que rien ne se fera sans mon accord.

— « Vivement dimanche » s'arrête, mais « Vivement dimanche prochain » s'élargit, conclut-il, dans une version plus longue.

Je pourrais presque l'entendre comme une promotion. Rajeunir les marques, ces trois mots, indolores sur l'instant, ne vont cesser de me hanter durant les mois suivants.

Ma crise de parano a commencé.

Quand plus rien n'est à négocier, un patron, d'un ton vague, vous déclare « on en rediscutera ». L'emploi du futur est mauvais signe car l'avenir

102

n'engage à rien, en télévision plus encore que partout ailleurs.

Françoise Coquet et moi nous retrouvons sur le trottoir de l'avenue Rapp. Elle n'est pas plus sûre que moi de la conclusion à tirer du rendez-vous.

— Michel, tu as compris la même chose que moi ?

— Oui. On est virés ?

Le nouveau patron de l'antenne nous l'a signifié à demi-mot. La première partie de mon émission saute au bénéfice de l'access-prime-time, mais nous y perdons beaucoup. Et « Vivement dimanche prochain » est seulement en sursis pour les deux années à venir. En avant-première, le patron nous a dévoilé son projet dominical : le feuilleton qu'il prépare sera prêt. Chaque nouveau dirigeant est pressé de marquer l'antenne de ses idées propres. Celui-là, lorsqu'il était en poste sur FR3, a initié une série française qui connaît un succès retentissant : *Plus belle la vie* – la plus grande réussite d'une série française, rendons justice à ce grand professionnel de la télévision. France 2 ne pourra que se réjouir d'une initiative comparable[1].

---

1. Ce feuilleton, *Un plus grand soleil*, est le grand événement de la rentrée 2018 sur France 2, et le début de sa diffusion rencontre effectivement le succès, avec un budget (30 millions d'euros) et une promotion exceptionnels.

Dans ma voiture, je rembobine tout le fil du déjeuner, les amabilités d'usage, le ton feutré autour de ce slogan qui ne me laisse maintenant plus aucun doute : rajeunir les marques, d'urgence.

Une fois au Studio Gabriel, je file me regarder dans la glace des toilettes en sous-sol. Non, mais attends, la marque, c'est moi. Comme Ardisson est celle de « Salut les Terriens », Ruquier celle d'« On n'est pas couché » ou Sébastien du « Plus grand cabaret du monde ». J'ai bien compris, la messe est dite : je suis cuit.

À partir de là, deux solutions s'imposent. La première : résister dans la concertation. Puisqu'ils affirment ne rien vouloir décider sans mon accord, justement, je ne suis pas d'accord, donc, discutons-en. Réfléchissons à une nouvelle formule…

Mais je n'y crois pas moi-même. C'est trop tard. Je connais les us et coutumes de mon métier. Lorsqu'une direction n'a plus le désir de travailler avec vous, une fois échangées les formules de politesse d'usage, son non-désir devient une priorité. La lutte s'engage, presque toujours acharnée. Et peu d'animateurs remportent cette guerre des nerfs et des tranchées. L'actionnaire a toujours raison, dans le privé comme dans le public, c'est ce que j'ai appris de Martin Bouygues lors de mon passage sur TF1.

Le seconde tactique consisterait à accepter et renoncer. L'onde de choc commence à résonner en moi. Comment leur donner tort? Je me sens fautif, honteux et même coupable d'être encore là à mon âge. Après avoir tenu plus de vingt ans comme Jacques Martin, ne serait-il pas en effet grand temps de passer la main?

Au sous-sol du Studio Gabriel, le miroir me renvoie une image de moi-même crépusculaire et indécise avec un vent de panique au fond du regard. Pour croire en soi, il est vital de trouver des alliés qui y croient aussi. Que faire? Déclarer la guerre ou signer la défaite? Face aux équipes, que dire? Comment choisir ceux qui devront probablement quitter le navire, amputé d'une partie de son équipage pour raison de chômage technique? Comment l'annoncer?

Tout ce que je déteste; je ne l'ai jamais fait.

Je n'ai aucune idée sur la conduite à tenir. Même si nous nous mettions à plancher pour imposer une nouvelle formule, plus pêchue, plus ramassée, moins pépère, rajeunir, c'est beaucoup plus facile à dire qu'à faire. Mes soixante-treize ans – chiffre canonique – je les aurai toujours dans les pattes.

Par une cruelle ironie du sort, je viens de revivre la même exécution qu'avec Philippe Guillaume, vingt-cinq ans plus tard. Le glas sonne à nouveau.

Rentré à la maison, je fonce dans la cuisine en parler à Dany. Nous nous complétons à merveille, elle et moi ne stressons jamais pour les mêmes raisons. Tout ce qui m'inquiète, me hante, m'affole, lui est assez indifférent, et réciproquement. Mes états d'âme de «vedette de la télé» seront toujours moins importants qu'une bronchite de yorkshire. D'ailleurs, mes nouvelles alarmantes ne lui font pas perdre son calme.

— Écoute Mimi, tu as cinquante et un ans de carrière, qu'est-ce que tu veux de plus?! Je t'ai dit et répété qu'il valait mieux s'arrêter au top.

Ayant renoncé sans regret à sa carrière d'actrice avant la trentaine, ma femme sait de quoi elle parle.

— Oui, mais enfin, Dany...

Je m'accroche, j'insiste, avec un argument imparable.

— Pourquoi interrompre une émission pour les plus de cinquante ans présentée par un senior et qui marche bien? Ce sont en grande majorité des mamies et des papis qui me regardent, ce n'est donc pas scandaleux qu'un papi la présente... Je suis victime de discrimination!

— Pffff... Non, Michel, ne recommence pas s'il te plaît, je sens que tu vas être en boucle.

Dany lève les yeux au ciel, pas convaincue par mon combat. Ma propre femme ne me voit pas plus d'avenir professionnel que ma direction, pire, elle aussi s'étonne que je sois encore actif. Même Stéfanie, notre fille, me répète qu'il y a une vie après la télé. La boucle est bouclée, le compte est bon.

106

Rajeunir les marques

Quatre à quatre, je file jusque dans mon bureau, sous les toits, pour me jeter sur les statistiques. Depuis un moment, je découpe, j'entasse, j'archive tout ce qui concerne les seniors dans un volumineux dossier : audiences, courbes, tranches d'âge, publicités… À l'affût des chiffres comme un pêcheur surveille son bouchon. C'est bien ce que je disais : l'âge moyen des téléspectateurs de «Vivement dimanche» est de soixante ans. Un jeunot et un programme branché ne feront pas l'affaire. La direction se fourre le doigt dans l'œil. Ils se trompent de guerre en faisant de l'anti-âge.

Seul à mon bureau tandis que la nuit descend autour de moi, je me requinque comme je peux. Ils commettent une erreur, je suis parti pour encore vingt ans, les seniors qui me regardent vont prendre de l'âge avec moi, notre compagnonnage n'est pas terminé, nous fêterons ensemble nos noces d'or. Dans une France qui vieillit, par chance, j'ai les vieux avec moi. Ils sont mon assurance-vie.

Dare-dare, je redescends convaincre Dany, qui prend un air accablé, me regardant comme un aliéné.

— Enfin, Michel, tu ne vas pas rester sur ton canapé jusqu'à quatre-vingt-cinq ans ! Il te faudra bientôt une canne pour t'en relever.

— N'importe quoi, regarde Aznavour !

— Arrête de citer Charles, c'est un OVNI.

— Pourquoi n'aurais-je pas le droit de devenir un OVNI, moi aussi?!

— Pourquoi tu t'angoisses, pourquoi? Tu as mis de l'argent de côté, tu as tout ce dont tout le monde rêve : un train de vie confortable, un bel appartement, une jolie maison en Provence. Nous avons bien de quoi finir nos jours...

Ma femme connaît mieux que moi notre patrimoine, elle tient nos comptes. Dany ne comprend pas que le verbe «finir» me mette hors de moi. «Finir» et «retraite», les deux mots que je hais. Est-ce que je me donne tant de mal pour renoncer, est-ce que j'ai une tête de fini?

— Écoute Michel, si tu quittes la télé, tu ne vas pas t'ennuyer...

— Oui, non, enfin bon...

Si je quittais la télévision, je n'ose pas avouer à ma femme que je m'emmerderais comme un rat mort. Ce serait vraiment la fin. Mais je ne moufte rien, malheureux d'être le seul à croire encore en moi, je me sens obligé de paraître raisonnable. Cependant, la petite voix de mon démon intérieur ne lâche pas l'affaire. Après un silence, tout en finissant une tomate, je tente une contre-attaque en attrapant un radis :

— Je ne fais pas mon âge, tout le monde le dit! J'ai l'air d'avoir soixante ans, pile-poil l'âge de mon public.

— Arrête, arrête !... À force de prétendre que tu ne fais pas ton âge, tu vas finir par en faire dix de plus.

De toute façon, les unités ne comptent plus, je fonctionne désormais à la décennie. Mon compteur est bloqué sur un chiffre rond. J'ai eu soixante ans jusqu'à soixante-dix ans et j'aurai soixante-dix ans jusqu'à ma quatre-vingtième année. Il faut savoir se libérer des détails.

J'ai fini ma tomate, mon radis et ma décision est prise. La guerre est déclarée, mais pas officiellement. Faut bien avaler la couleuvre, faire bonne figure, sauver les apparences mais, en douce, je vais redoubler d'efforts et mettre à profit le sursis offert avant le jour J funeste. Si j'ai encore une minuscule chance de gagner la partie, je dois mettre tous les atouts de mon côté.

Pour commencer, je vide cul sec la bouteille de Vichy Saint-Yorre.

J'ai peut-être l'air de regagner le vestiaire mais à la vérité, je ne sors pas du ring.

Autour de moi, la bataille fait rage. La nouvelle présidente de France Télévisions déclare dans la presse : « Il y a trop d'hommes blancs de plus de cinquante ans sur nos antennes. »

Touché deux fois, oui, je suis blanc et j'ai largement dépassé la cinquantaine, mais pour dire la vérité, je n'y pense jamais. En fait, je ne me sens pas du tout concerné car je suis un homme blanc de plus de soixante-dix ans, seul dans sa catégorie.

Ça valse sur toutes les chaînes. Au revoir Julien Lepers, qui ne présentera plus «Questions pour un champion», bye bye Georges Pernoud et «Thalassa». Adieu William Leymergie... Gérard Holtz devance l'appel en signant son départ. Pan, pan, pan : la chasse aux anciens est ouverte. Patrick Sébastien n'en mène pas large... comme moi. L'air du temps est au jeunisme et au dégagisme.

Je survis en passant entre les gouttes, en surfant sur la vague, que ma paranoïa voit dix fois plus grosse qu'elle n'est.

Finalement, ma «case» dominicale se trouvera réduite à une heure et je perdrai le fameux access-prime-time de 19 heures, meilleure tranche pour l'audience. Je prendrai l'antenne à 18 h 10 pour passer le relais à 19 h 15 au nouveau rendez-vous d'infos de Laurent Delahousse. L'homme du dimanche ne sera plus Michel Drucker mais Laurent Delahousse, symbole des marques rajeunies dans un monde nouveau.

Comment réagir à une telle déception? Après avoir hésité, je poursuis ma stratégie de résistance discrète.

Chaque matin, je double mon quota d'abdominaux. Au lieu de cent, deux cents mouvements sur le matelas de mon bureau à la maison. Cinquante minutes de home-trainer, à fond la caisse, la tête dans le guidon devant la télé allumée, en suivant la rediffusion de Cyril Hanouna puis le direct de Sophie Davant sans oublier de zapper sur BFM. Et je fonce à la piscine deux fois par semaine. Pas de dessert ni de pain. Comme quand j'étais jeune, au-dessus de la boulangerie de Caen, je roule la mie entre mes doigts pour la laisser au bord de mon assiette. Pour couper la faim, une pomme ou une banane, trois amandes, merci. No sucre. De temps en temps, les endives-jambon-béchamel de notre cordon-bleu, Claude.

Ma nouvelle audience se calcule en nombre de calories et je veux perdre le gras qu'il me reste : un ou deux kilos en moins, avec l'obsession de « fitter » ma silhouette, comme disent les « djeun's ». Renforcer le gainage. Hors de question de paraître plus de soixante ans. Le monde s'arrête à la soixantaine. M'en fous si la machine du temps n'a pas de marche arrière, je bloque le compteur. Je me pèse deux fois par jour, matin et soir – le midi aussi, parfois. Impitoyable envers moi-même, je me punis d'être (si) vieux. Dany se désole, je passe plus de temps qu'elle dans notre salle de bains. À peine réveillé, c'est vrai, je m'y enferme.

Durant ces matinées domestiques et sportives, je pédale, j'abdomine avec la hantise d'entendre Jean-Marc Morandini, dans son émission média, déclarer que mon étoile pâlit au firmament audiovisuel. J'ai peur de devenir publiquement un paria, un «vestige pittoresque», pour reprendre l'expression d'Alain Duhamel.

Bientôt, sur France 2, on me fait comprendre que je pourrais participer aux «Nouveaux enfants de la télé», concept que reprend le service public, présenté par le champion de la nouvelle génération, Thomas Thouroude. Je ferais paraît-il un très bon Pierre Tchernia, un monsieur Télévision, gardien de la mémoire et des archives comme Pierre fut monsieur Cinéma ou Magic Tchernia.

Là, j'ai failli leur dire d'aller se faire foutre. Pourquoi pas le père Fouras à Fort-Boyard, tant qu'on y est? Mais je me suis contenu. À force de me contenir, je vais finir par imploser.

En sueur, enfermé dans ma salle de bains, j'espère coûte que coûte survivre à l'onde de choc et surmonter ma parano. Rester au top. Jour après jour, je me jure de n'avoir pas dit mon dernier mot, quoi qu'en pense ma famille, qui assiste, mi-inquiète, mi-amusée, à mes délires. Je prépare la suite en soufflant comme une otarie sur mon tapis de sol… Mais quelle suite, puisque tout m'échappe et que je ne contrôle plus rien?

J'inonde Nelly Pierdet, ma maquilleuse depuis cinquante-cinq ans, de recommandations.

Je ne veux plus la quitter.

— Tu es sûr que ça va? Je me trouve mauvaise mine. Tu ne veux pas rajouter un peu de poudre?

Pareil pour ma styliste, Brigitte Neel. Grandes manœuvres de printemps. Le noir, ça mincit. «Plus on est en noir, plus on est mince», a dit Thierry Ardisson. Je me mets au foncé, tout en portant un jean. Attention, pas n'importe lequel. Avec Brigitte, nous nous sommes mis en quête d'un jean chic, qui affine. Veste Dior en haut, jean italien sophistiqué en bas. Chemise noire ou bleu marine. Et nous avons fait rétrécir le pantalon pour souligner mes cuisses effilées de cycliste.

Je demande aux réalisateurs de «Vivement dimanche», Richard Valverde et Dominique Colonna, de me filmer davantage debout. Cette silhouette pour laquelle je me donne tant de mal doit être bien visible de mon public. Rester assis me vieillit, faut que je me redresse – dynamique, dynamique, dynamique! Il m'arrive même de demander aussi qu'on me filme sous mon bon profil – misère, la phrase type, le syndrome Iglesias. Nous avons tous un bon et un mauvais profil – moi c'est le gauche, nous avons toujours porté à gauche chez les Drucker.

Dans ma salle de bains, je me dis merde, jusqu'où tu vas aller? Peu importe, je persévère, je répète devant le miroir, avec des gestes plus lestes, des sourires plus épanouis, je soigne mes entrées en les répétant sur ma descente de lit. Je veux renvoyer une image, une position plus toniques. Je veux que même les non-voyants s'aperçoivent que je pratique le sport intensif. Pour preuve, pendant un moment, je vais tomber la veste pour présenter «Vivement dimanche prochain» en chemise – ma mère a dû se retourner dans sa tombe au beau cimetière d'Eygalières, à l'ombre des cyprès. Je trouvais trop dommage qu'un veston masque mes abdominaux.

Je suis pathétique.

C'est la faute à Johnny Hallyday. Tous les deux avions souvent des discussions sur la forme, l'image. Un jour, Johnny m'a dit avec sa voix détachée :

— Tu fais boku de sport mais ça ne se voit pas boku à la télé.

Sa réflexion m'avait vexé, déjà, à l'époque. Rien n'échappait à Johnny et à son œil de lynx.

Sur le jean italien slim, je porte maintenant un ceinturon plus large avec une boucle rock – attention à ne pas en faire trop non plus, je ne suis pas Dick Rivers.

Le coiffeur (mon ami Mathieu, qui fut aussi celui de Johnny) intervient davantage. L'idéal étant de faire en sorte que sa coupe soit si naturelle qu'elle ne se voie pas. On se fait coiffer tous les quinze jours pour avoir l'air de ne jamais sortir de chez le coiffeur – et ça, c'est de l'art. Comme Gainsbourg m'avait dit, à propos de sa barbe de trois jours, si négligée à l'époque et si répandue aujourd'hui, que son entretien représentait un sacré boulot.

114

Dans ma guerre, je deviens d'une coquetterie de bonne femme. Je me conduis comme une nana. Dany n'en peut plus de toquer à la porte de la salle de bains en attendant la place. Notre cabinet de toilette a remplacé mon bureau. Assis sur la baignoire, téléphone en main, avec autour de moi ma tablette numérique, mes agendas, la radio, je me pomponne en bossant. J'ai décidé de consacrer toutes les matinées à ma forme, ma ligne, tout en continuant le turbin jusqu'à midi. J'ai mes remèdes, des crèmes de soin, de jour, de nuit, le pilulier homéopathique de Jeannie Longo, des oligo-éléments. Et je reste au taquet, sans rien lâcher.

Je veux encore faire mentir les aiguilles de l'horloge.

Plus vous vieillissez, plus les autres meurent autour de vous, c'est la loi. Cet hiver a été terrible. Dès qu'une célébrité disparaît, maintenant, les stations et les chaînes m'appellent en urgence pour témoigner dans leurs matinales. À moi tout seul, je suis les Pompes funèbres de l'audiovisuel et du spectacle. Assis sur ma baignoire, je me prépare, faut avoir les idées claires, alors j'ai un vaporisateur d'eau minérale glacée qui me remet les pensées en place dès le réveil. Cinq minutes après avoir quitté mon lit, je suis OK, prêt à l'emploi pour répondre au débotté aux imprévus en cas de décès dans le milieu médiatico-artistique.

Quand Jean Rochefort est mort, ma femme m'a hurlé depuis la cuisine :

— Ça y est, t'es prêt? Le téléphone n'arrête pas de sonner.

Je lutte contre le temps, je lutte contre ma mort et celle des autres.

Malgré ma petite traversée du désert, une période de sévères turbulences, je n'ai jamais eu l'air aussi en forme.

«Dites donc Michel, quelle mine!», «Salut, t'as l'air bien, toi.»

Les professionnels de la profession semblent surpris mais n'insistent pas, ils se doutent bien que l'ère du dégagisme me tape sur les nerfs. Mais le dégagisme ne passera pas par moi.

Dans les rues, les gares, revient aussi une question dont je connais les effets dévastateurs pour l'avoir entendue adressée à d'autres qui l'encaissaient comme un coup de poing au ventre :

— Oh, monsieur Drucker, mais on ne vous voit plus le dimanche après-midi!

Les gens, pudiques et compatissants, me regardent comme si j'avais une maladie mortelle qui va finir par m'emporter. En effet, le dimanche n'est plus *mon* dimanche, toutefois, l'air serein, je rappelle aux téléspectateurs perdus dans les aléas de la programmation qu'ils peuvent me retrouver à 18 heures.

— Ah oui, avant Laurent Delahousse, alors?

— Voilà, c'est ça, avant Laurent Delahousse.

Un moment, c'est vrai, j'ai pensé rendre les armes. Mais j'ai fini par apercevoir le bout du tunnel, mordre la ligne d'arrivée. Et c'est ainsi, dans cette course, que j'ai commencé à concevoir l'idée de monter sur scène pour échapper à la guillotine. Réfléchissez bien, vous avez toujours un plan B, l'important est de pouvoir s'évader plutôt que de rester pieds et poings liés à une situation qui vous mine. Mes nouveaux patrons ont sans doute raison, je suis peut-être K.O., comme le chante mon ami Alain Souchon, mais avec un plan B, si je gagne du temps, encore un peu de temps, ce n'est peut-être pas encore aujourd'hui que je tomberai des phonos.

Rentrée, septembre 2017. Un détail a failli m'achever. Là, j'ai été à deux doigts de décéder. Un samedi matin, je descends acheter les journaux du week-end. Dans *Le Parisien*, *Le Figaro* et *Le Journal du dimanche*, je tombe sur trois placards de presque une demi-page annonçant le nouveau rendez-vous info de France 2, à 19 h, qui remplace «Vivement dimanche prochain», avec une belle photo de Laurent Delahousse.

Voici la légende : «Avec Laurent Delahousse, fini le blues du dimanche soir».

Le blues, c'était qui, c'était moi, Michel Drucker?

Il faut du temps pour rester jeune

Je ne me doutais pas qu'après cinquante ans de télévision publique, j'avais fini par coller le «blues du dimanche soir» à toute la France.

Le soir même, au sommet du désespoir, j'ai appelé en urgence mon généraliste, le docteur Ichou, qui m'a conseillé un décontractant. Je me suis fait une verveine.

À table !

> « L'alcool non, mais l'eau ferru,
> l'eau ferru, l'eau ferrugineuse oui ! »
>
> *L'Eau ferrugineuse*, Bourvil

Passer les quinze premières années de ma carrière dans le milieu du sport de haut niveau m'a aussi confronté très tôt à l'excellence en matière de santé. Les tablettes de chocolat, les silhouettes élancées, la sensation de puissance m'ont incité à m'occuper de mon corps et à ne jamais entamer le capital santé qui pour un homme public est le nerf de la guerre. J'ai toujours pensé que pour réussir et faire carrière dans le monde du paraître, rester en forme et jeune nécessitait un travail quotidien. Même si on n'est pas un homme public, croyez-moi, cette discipline permet de mieux appréhender le temps qui passe et éviter que la vieillesse ne soit un naufrage. C'est une attention de tous les jours, facile et pas forcément onéreuse.

Lorsque j'ai rencontré, au bas de RTL, un gamin de seize ans qui me guettait chaque matin pour entrer applaudir Sheila, Joe Dassin, Claude François parmi le public de « La Grande Parade », je n'imaginais pas que cet ado allait transformer mon existence. Il avait un CAP de cuisinier et cherchait du travail. Ni Dany ni moi ne savions faire cuire un œuf. À partir de cette date, Claude est entré dans notre cuisine tous les jours à 16 heures. Depuis quarante ans, il s'occupe de mon alimentation. D'une certaine façon, je lui dois un bout de ma carrière, et de n'être pas réduit, comme Léon Zitrone au sommet de la sienne, glorieuse, à dévorer le Tupperware préparé par sa femme au volant de la Simca 1000 garée dans la contre-allée de l'avenue Bosquet. Chaque dimanche, lui devant et moi sur la banquette arrière, je lui nouais sa serviette autour du cou devant une salade de concombres en lui faisant répéter les casaques du tiercé qu'il commentait l'après-midi.

J'ai une tout autre expérience, et je ne résiste pas à l'envie de vous faire partager mes repas, du lundi au samedi. Claude n'étant pas là le dimanche et ma femme s'avérant comme moi une calamité en cuisine, ce jour-là nous jeûnons. Ne croyez surtout pas que ce soient des repas d'ascète le reste de la semaine, certes pour un menu gastronomique allez voir ailleurs, mais je mange bien, de tout, avec plaisir, et je vous rappelle que je pèse 71,5 kilos l'hiver, 70,5 l'été, mon poids de jeunesse à une livre près.

Voici donc mes menus pour une semaine.

Lundi

Petit déjeuner : toujours le même : thé avec un nuage de lait, un demi-sucre et une grande tartine de pain grillé coupée en deux, beurre et confiture, accompagnée d'une cuillère à café du miel bio de manuka en provenance de Nouvelle-Zélande. En fond sonore, le triple bourdonnement de la radio, de la télé et des sonneries des téléphones, mes fanfares matinales.

Sans oublier mes pilules : quatre, l'une après l'autre.

Ensuite, j'assiste au déjeuner d'Isia, ma chienne. Elle mange matin et soir uniquement si je suis assis à ses côtés, sur une marche de l'escalier, à la regarder. Lorsque nous nous séparons – rarement –, elle vide sa gamelle à toute vitesse avant de filer dans notre chambre continuer à faire la gueule. Dany me dit que lorsque je ne suis pas là, elle devine quand je vais rentrer et m'attend devant la porte à guetter le bruit de l'ascenseur.

Déjeuner : toujours dans un périmètre proche du Studio Gabriel, un restaurant chinois a ma préférence depuis toujours. Menu rituel : bouillon aux crevettes, poisson grillé, épinards ou bol de riz, mangue et café décaféiné.

Pause de 17 heures : une demi-banane (une entière serait trop lourd), des fruits secs, quelques amandes et toujours une bouteille d'eau à portée de main.

Dîner : 20 h 30, après le journal de France 2, si je ne sors pas.

Entrée : blancs de poireaux.

Plat : endives au jambon – quand j'aime, j'aime, je pourrais manger des endives tous les jours : à l'eau, grillées, en salade, avec des noix… Partout où je vais, je demande des endives au jambon, d'autant qu'à la maison, depuis quelque temps, je sens que la vague végétarienne va m'en priver.

Salade de laitue avec de l'huile d'olive de Provence.

Camembert normand (de temps en temps).

Dessert : yaourt de brebis bio avec confiture purs fruits maison.

Boisson : eau plate ou cidre normand (nul ne guérit de son enfance).

En-cas : je reconnais, mais ne le répétez pas, que parfois j'ai encore faim la nuit, alors silencieusement je retourne au frigo pour m'emparer d'un deuxième yaourt de brebis bio. S'il reste du camembert, je le prends, trois carrés de chocolat-cacao 99 % aussi. Et si j'aperçois un morceau de baguette, j'avale le tout le plus vite possible. Car si Isia ne me voit pas revenir au bout de trois minutes dans la chambre, elle aboie, réveillant ma femme :

— Michel ! Qu'est-ce que tu fais debout ?

Et voilà, je suis pris la main dans le sac, avec du camembert entre les dents.

Moralité, qui aide à la diététique : même si vous avez un petit creux la nuit, tenez le coup, restez couché !

Mardi

Petit déjeuner : pareil. L'habitude est mère d'harmonie.

Et mes quatre pilules, l'une après l'autre.

Déjeuner :

Entrée : salade avocat-pamplemousse (mon fruit favori).

Plat : dos de cabillaud grillé-courgettes. Quand je déjeune à la maison, chez nous, les légumes sont de saison, majoritairement français, bio, et cuits à la vapeur, assaisonnés à l'huile d'olive de Provence. Comme beaucoup de gens, je suis en train d'arrêter la viande.

Dessert : fruit de saison.

Dîner :

En hiver, soupe aux vermicelles avec carottes ; en été, melon ou salade de tomates. Renouveau dans la continuité : encore des endives, mais cette fois, au saumon. J'ai déjà fini que Dany en est encore à ses tomates.

— Tu ne pourrais pas essayer de manger au même rythme que moi ? On dirait que tu as un rendez-vous !

J'ai toujours un rendez-vous, donc j'ai toujours mangé vite, aussi parce que mon père considérait que passer deux heures à table était une perte de temps. Résultat : je suis abonné au Maalox et aux crampes d'estomac. Un bon conseil, que je ne m'applique hélas pas à moi-même : mâchez, ne parlez pas en mangeant et buvez plutôt au début et à la fin du repas.

Mercredi (jour d'enregistrement de « Vivement dimanche »)

Petit déjeuner : RAS. Thé, toast, miel, et mes quatre pilules l'une après l'autre.

Déjeuner : les mercredis d'enregistrement, je suis bloqué depuis la veille. J'ai la boule au ventre et peur que la mémoire flanche. Comme un étudiant avant un examen, je crains de ne pas avoir assez révisé. Deux émissions, de 9 heures à 20 heures, une le matin, une l'après-midi. Alors repas rapide et léger au catering, la cantine du Studio : crudités, fruits, en quatrième vitesse. Pas question de prendre de l'estomac pour le second enregistrement car, assis sur un canapé, malheureusement, ça se verrait. Quelques minutes avant le plateau, un verre de Coca, pas davantage, me fait l'effet d'un remontant, plus le méga coup de fouet d'un comprimé effervescent de vitamine C et une poignée de fruits secs pour tenir encore deux heures et demie.

Mercredi soir : 21 h 30, crevé. Je peux dîner plus copieusement pour récupérer de cette journée. Pâtes, poisson gras (saumon), parfois des endives (eh oui, encore ! Vous voulez me faire plaisir ? Johnny m'offrait des yaourts, offrez-moi une caisse d'endives). Dessert : un éclair au café. Avec le vélo, les abdos, la natation du jeudi matin, j'éliminerai facilement ce petit excès pâtissier.

Jeudi

Je saute le petit déjeuner (sauf mes quatre pilules) pour aller directement faire du sport.

L'exercice physique en pleine digestion est déconseillé. Avoir l'estomac plein empêche de bien respirer. Après le sport, j'essaie toujours de manger à la maison.

Déjeuner :

Entrée : caviar d'aubergines comme celui de maman chaque dimanche soir jadis. Celui de ma mère avait un charme particulier, mais je n'insiste pas, pour ne pas froisser Claude.

Plat : pâtes aux champignons, pour récupérer des efforts du matin.

Dessert : tout le monde se lève pour Danette, moi aussi, parfum vanille – honneur aux vieilles marques qui ont fait leurs preuves !

Dîner :

Endives (non, je plaisante). Une bonne omelette aux pommes de terre, avec des œufs bio numéro zéro, de poules élevées en plein air. Salade verte immuable (pas de bon repas sans salade). Le soir, on le sait, il faut manger léger. Je n'ai pas de mérite, à l'époque où je faisais des émissions de radio en direct depuis le Salon de l'agriculture, de stand en stand les paysans m'offraient leur spécialité, le pire ayant été, en 1980, une tête de veau gribiche. On m'a présenté la tête de veau sur un plateau, je n'oublierai jamais le regard de cette bête ni celui du boucher géant qui tenait le plat. Leurs yeux me hantent encore. Depuis, je résiste plus facilement aux tentations charcutières, à une exception : le saucisson sec de mon ami Merletto, qu'il fabrique et vend dans sa boutique d'Aureille, petit village des Alpilles. Si vous y passez, arrêtez-vous, vous ne pouvez pas louper la statue de cochon qui trône devant son enseigne.

Vendredi

Petit déjeuner : y a plus de thé, je prends du café, *what else*? Je ne suis pas un homme difficile. Et toujours mes quatre pilules.

Déjeuner :
Entrée : enfin des asperges (ou des artichauts), avec une bonne vinaigrette. (J'aime presque autant les asperges que les endives, à condition qu'elles soient grosses et blanches.)
Plat : dos de cabillaud, cette fois en papillote, avec petits légumes de saison.
Fromage : roquefort, je l'ai trouvé dans le frigo, j'adore l'emballage, une tirette, on ouvre, on se sert, on referme la tirette, c'est merveilleux ça ne laisse aucune trace. En plus, la moisissure du roquefort est excellente pour la flore intestinale.

Dessert : salade de fruits – avec le plus possible de morceaux de pêche.

Dîner :

En fin de semaine, Claude est toujours inventif, il a fait les courses pour la semaine. Soit il accommode les restes, divinement, soit il se lance.

Entrée : soupe de légumes frais coupés.

Plat : brick de fromage de chèvre avec saumon et poivrons.

Quand nous avons des hôtes de marque, le grand jeu du cordon-bleu :

Entrée : pain d'aubergines sur un lit de sauce tomate.

Plat : filet de turbot sauce aux morilles.

Dessert : assortiment de mousses aux trois chocolats, noir, blanc, noisettes.

Exceptionnellement ces soirs-là, je me lâche, je goûte à tous les plats et je peux aller jusqu'à trois verres de vin. Et ma verveine au moment de me coucher me déculpabilise.

Samedi

Depuis deux ans, mes spectacles m'ont appris le rythme spartiate de ceux qui font du one-man-show. Selon la destination, déjeuner rapide dans une brasserie gare de l'Est, gare Montparnasse ou

À table!

gare de Lyon, repos dans le train avec une bouteille d'eau, où je répète inlassablement le texte de mon stand-up. Sur place, après la répétition, vers 18 h 30, une assiette de coquillettes au beurre cuisinées par Nelly, ma maquilleuse-habilleuse-nounou. 19 h 30, un moment de demi-sommeil dans l'obscurité totale et avec boules Quies. Quinze minutes avant d'entrer en scène, un Coca, et c'est le grand saut. Après le spectacle, passé minuit, à Dijon, Issoudun ou Châtellerault, difficile de trouver une table encore ouverte, c'est le souci des artistes. Souvent, vers une heure du matin, dans la chambre d'hôtel, une salade et une assiette de fromage pour moi, un bol d'eau et la pâtée pour Isia, qui exceptionnellement dînera tard. Ces cent trente dates sur scène ont entretenu mon hygiène alimentaire. Le samedi soir, à l'heure où les Français gueuletonnent, je soupe devant la télé en tête à tête avec ma chienne et les invités de Laurent Ruquier. En deux ans, j'ai appris à connaître tous les fromages de France, tous les menus des buffets de gare et les formules du wagon-bar des TGV. Problème : un réflexe pavlovien, désormais, où que je sois, à n'importe quelle heure, la musique du générique d'« On n'est pas couché » a tendance à me donner faim.

Dimanche

En fait, je n'ai presque rien bouffé du week-end (à part mes quatre pilules du petit déjeuner). Je n'ai pas pris un gramme. Vive la scène, vive la France, vive les endives ! Le lundi, Claude revient, à 16 heures, ouf, et ça recommence pour huit jours.

Bon, vous devez vous dire qu'est-ce que c'est que ces comprimés qu'il ingurgite chaque matin ? Des substances exorbitantes et interdites, importées en contrebande de chez les millionnaires américains ? Pas du tout, mon pilulier n'est pas un mystère, c'est en vente libre sur Internet, et cette source miraculeuse me fut conseillée par une femme au-dessus de tout soupçon.

Comme tous les fanas de vélo, j'ai connu Jeannie Longo, la championne cycliste la plus titrée de l'histoire et la plus endurante (à près de cinquante ans, elle damait le pion à des gamines de vingt ans). J'avais d'elle l'image d'une femme au caractère bien trempé, ne mâchant pas ses mots, dont la franchise ne plaisait pas toujours aux médias. Je l'admirais et il y a une dizaine d'années je l'ai invitée sur mon canapé rouge. J'ai découvert un personnage attachant, très différent de ce que je savais d'elle. Brillante, cultivée, mélomane, Jeannie s'est mise au piano. Nous sommes vite devenus

132

proches et elle a tout de suite senti que mon challenge était la longévité, la performance. Tout ce qui la caractérise également. Nous sommes frère et sœur en diététique.

— Michel, vous qui êtes un obsessionnel de la santé, vous devriez essayer les compléments alimentaires qui contiennent tout ce dont votre organisme a besoin en fonction de votre profil et de votre activité.

À l'époque, elle collaborait avec Vitall+, la première société à distribuer en France une gamme complète de compléments alimentaires orthomoléculaires de la plus haute qualité. Quelques jours plus tard, je recevais mes premiers flacons de pilules. Depuis ce temps j'en prends quatre par jour, où que je sois. Merci docteur Longo, je suis convaincu que ma forme aujourd'hui tient pour beaucoup à cette prescription. D'ailleurs, plutôt que de vous faire offrir une paire de chaussures de sport qui ne vous servira pas, un pull-over que vous avez déjà ou des DVD, faites-vous offrir cette cure de jouvence et de protection à Noël ou à votre anniversaire. Un cachet par catégorie, quatre catégories de pilules. J'adore leurs noms et en étudier encore et encore la composition. Contrairement à ce que prétendraient les mauvaises langues, je n'ai aucun intérêt à cette société ni aux activités de Jeannie Longo.

Numéro 1, Trésor de vie, formule unique associant trente-trois éléments nutritionnels pour le bien-être et la vitalité tout au long de l'année, particulièrement efficace contre les dommages liés au stress oxydant. Rien qu'à lire les indications, je me sens mieux : « aide à lutter contre la fatigue ». J'exulte ! Dans chaque comprimé, c'est la fête à la molécule. Pour emmagasiner autant de vitamine C, il faudrait manger deux caisses d'oranges par semaine. Une orgie : calcium, taurine, vitamines E, B3, B5, B6, zinc, chrome, bêta-carotène… Miam miam !

Numéro 2, Super Vital, complexe de douze vitamines et huit minéraux, qui aide à conserver la forme et l'énergie.

Numéro 3, Vitamine D3, pour le bon fonctionnement du système immunitaire, favorise la minéralisation et le maintien d'une ossature normale. Ils pensent vraiment à tout. C'est essentiellement un shoot d'extrait d'huile de foie de morue.

Et enfin numéro 4, Super Oméga 3, la récompense : concentré en acides gras essentiels « hautement bio-disponibles » (je ne sais pas ce que ça veut dire mais ça me plaît beaucoup), combinant huile d'anchois et de sardines. Ces comprimés participent au bien-être cardio-vasculaire et émotionnel – quel merveilleux vocabulaire ! Ils poussent la perfection jusqu'à désodoriser cette capsule pour éviter le goût de poisson.

À table !

Plusieurs laboratoires se partagent le marché. Il faut veiller à ce que ce soit naturel et sérieux. Ce traitement a un coût mais il est abordable. La santé, la forme, la jouvence semblent toujours hors de portée ou hors de prix, réservées à une élite sociale ou à ceux qui ont une volonté d'acier. Avec cette sorte de pilulier quotidien, chacun, sans efforts ni trop de frais, peut mettre plus de chances de son côté.

Pensez-y.

9 décembre 2017

J'ai oublié de vivre, Johnny Hallyday

À force de briser dans mes mains des guitares
Sur des scènes violentes, sous des lumières bizarres
À force de forcer ma force à cet effort
Pour faire bouger mes doigts
Pour faire vibrer mon corps
À force de laisser la sueur brûler mes yeux
À force de crier mon amour jusqu'aux cieux
À force de jeter mon cœur dans un micro
Portant les projecteurs
Comme une croix dans le dos
J'ai oublié de vivre
J'ai oublié de vivre.

Ils sont venus, ils sont tous là, comme le chante Charles Aznavour. Pas pour la Mamma ; pour The Boss, le taulier. Même annoncée par les trompettes de la renommée, la mort demeure toujours un choc. Je m'en doutais pourtant depuis des mois, depuis ce soir au Zénith de Limoges, lors de sa dernière tournée, où je l'avais vu en insuffisance respiratoire à quelques heures de monter sur scène. À bout de souffle malgré son inhalateur. J'avais pensé qu'il ne chanterait pas ce soir-là, mais c'était mal le connaître. Il a été magnifique, à la trente-cinquième date d'une tournée qui en comptait quatre-vingt-dix et qu'il a toutes assurées avant d'enchaîner sur les concerts des Vieilles Canailles.

Ce fut sa dernière échappée.

À l'hôpital, puis chez lui à Marnes-la-Coquette, les proches, les copains se sont relayés à son chevet. Même si ce phénix a mille fois trompé la mort, trompé son monde, renaissant chaque fois de ses cendres, l'œil malin, le sourire en coin et la bouteille d'eau minérale à la main, cette fois, sa fin approchait. Sans y croire, lui préparait son prochain album, puisque sa voix échappait à l'outrage des ans.

Même Johnny Hallyday a fini par partir.

Nous lui disons adieu, en ce 9 décembre 2017, à l'église de la Madeleine, jour froid et splendide. On n'aurait pas pu rêver un ciel plus bleu, comme ses yeux.

Ils sont venus, ils sont tous là. Trois présidents… François Hollande, le visage fermé. Nicolas Sarkozy… sous son quinquennat, tandis que Johnny semblait entre la vie et la mort à Los Angeles, il avait déjà prévu un hommage national et un cortège sur les Champs. Jacques Chirac est absent, pour les raisons que l'on connaît, pourtant de tous les locataires de l'Élysée, les Chirac furent sans doute le couple le plus proche de Johnny. Et nous attendons le jeune dernier, souverain en exercice, Emmanuel Macron, qui fréquentait également le couple Hallyday. Son épouse, Brigitte, aurait été la première informée du décès de la star par un appel en pleine nuit de Læticia.

Moi aussi, je suis là, dans le peloton des anciens combattants du show-biz. Je connais presque tout le monde, jusqu'aux équipes techniques qui se faufilent entre les piliers.

Faire-part et coursiers sont inutiles en 2017, le détail des obsèques vous arrive par texto. Le dernier signe entre Johnny et moi fut d'ailleurs un SMS :

« Comment vas-tu, Jojo ? »

« Je suis toujours là… »

C'était devenu un gimmick entre nous.

Rendez-vous à 11 h 30, à l'angle de la rue Tronchet et du boulevard Haussmann. L'enterrement d'une gloire se fait désormais sur invitation en carré VIP. Un vaste téléphone arabe a agité la « famille » du music-hall, Sébastien Farran (imprésario de Johnny) s'est chargé lui-même de prévenir le cercle des horaires et du déroulement de la cérémonie. À la barrière qui bloque la rue Tronchet, un service de sécurité filtre tous les invités du clan sur une liste millimétrée.

J'arrive en taxi. Mon hommage télévisuel, deux jours plus tôt, me vaut la sympathie de la foule, le vigile me salue d'un sourire grave et je passe, en vieux de la vieille. J'ai hésité à venir, par pudeur, pas prêt du tout à affronter une forêt de micros, de questions, et de caméras indiscrètes. De même que j'ai préféré ne pas lui rendre visite à Marnes-la-Coquette sur la fin. Je savais que Johnny ne voulait pas qu'on le voie au bout de sa vie. Mais on n'aurait pas compris que je ne sois pas là, avec le monde de la musique, du spectacle et des médias, des proches, des amis aussi, dans cette église tendue de noir et de câbles. On ne compte plus les caméras.

9 décembre 2017

The show must go on, les obsèques de Johnny deviennent l'endroit où il faut être vu, *the place to be*, en ce jour rarissime de funérailles nationales. Pouvait-il en être autrement? Comme d'habitude, les vrais proches ne sont pas toujours ceux que reconnaît la foule.

— Michel, tu ne peux pas m'emmener?

La veille, j'ai reçu quelques coups de fil de ceux qui voulaient en être, à la recherche d'un pass, d'une place, d'un strapontin à l'église. Qui s'étonnaient, se plaignaient qu'on n'ait pas pensé à eux ou ne donnaient même pas de justifications, soucieux uniquement d'être vus. Peut-être qu'un plan de coupe sur BFMTV, une photo dans *Match* les sauverait de l'oubli ou de l'anonymat. Pouvoir dire «J'y étais», c'est être quelqu'un. Les organisateurs ont tenu à laisser plusieurs travées libres pour accueillir une petite partie du public, décision qui limite d'autant les places disponibles. À part leur présence, le temple des adieux ressemble à ces clubs *select* où Johnny a passé tant de nuits blanches.

Dans les rangées, j'aperçois Carole Bouquet, Nikos Aliagas, Jean Reno, Patrick Bruel… Deux visages sur trois me sont connus, voire familiers. On dirait une rafle de célébrités. Aucun de nous ne sait trop quel comportement adopter, une église n'étant pas une loge ou un restaurant en vogue, on se retient de parler projets, avenir, rumeurs du métier.

Je me demande « Qu'ai-je fait de mes vingt ans ? ». Johnny et moi les avons eus presque ensemble, lors de ce premier « Tilt » à Douai où il a chanté « Noir, c'est noir », comme le sont les tentures de cette cérémonie, un demi-siècle plus tard.

Tout ça pour ça.

Son cercueil est en train de descendre les Champs-Élysées, en général de Gaulle de la chanson. Depuis le Grand Charles à la libération de Paris, quel personnage s'est vu honorer par une ultime balade sur la plus belle avenue du monde ? Sacré Johnny. Il en serait ahuri, lui qui, au fil des années, se présentait de plus en plus comme « un homme simple ». À un journaliste de France 3, voilà plus de dix ans, qui lui prédisait des funérailles nationales en grande pompe, Johnny, assez pompette faut dire, avait répondu que cette perspective n'éveillait pas « grand-chose » en lui…

Comme si nous étions déconnectés dans un bunker, une immense rumeur feutrée nous parvient de l'extérieur. Il n'y a pas d'écran dans l'église. Chacun prend conscience de partager un moment de recueillement qui fera date. Le cours du temps paraît s'être suspendu, d'autant plus surprenant qu'on ne s'y attendait pas. Une ferveur exceptionnelle résonne dans Paris. Et si la vraie cérémonie était partout, dehors ?

9 décembre 2017

Les invités ont été priés de se présenter tôt afin de permettre à quelques dizaines de personnes du public d'entrer après que chacun ait été placé. Eddy Mitchell est là, évidemment. Dick Rivers est là. Jean-Jacques Debout, le copain des débuts, est là. Musiciens, compositeurs, la nouvelle génération... Matthieu Chedid, qui n'était pourtant pas né quand Johnny est devenu l'idole des jeunes. Et Pascal Obispo, qui n'avait que deux ans.

Dire qu'il y a des enterrements où on ne voit pas un chat. Aujourd'hui, on se bousculerait presque. La mort n'est pas plus équitable que la vie. Aux obsèques de Carlo Nell, insubmersible chansonnier, cabarettiste et acteur de complément dans l'ombre amicale de quelques grandes vedettes depuis l'après-guerre, seule une poignée de compagnons de figuration étaient présents, extraordinaires figures d'antan. Soudain, j'y ai vu apparaître Alain Delon, si solitaire et si fidèle. Alain n'avait pu oublier notre Carlo.

À l'enterrement de Pierre Bellemare non plus, on ne peut pas dire que la profession se soit pressée autour du goupillon.

Mais la terre entière est à la Madeleine. Malgré l'heure triste, ce rassemblement a un aspect surréaliste. Nolwenn Leroy, Mimi Mathy, Voulzy et Souchon... La cour aussi, moins connue, de ceux qui gravitaient en orbite autour du Soleil. Ceux qui pouvaient sauter dans leur bagnole, un train, un jet pour rejoindre, où qu'il soit, cet homme adulé qui n'aimait pas rester seul. Même si Lætitia a su faire le ménage, créer une harmonie dans la dernière période de sa vie, Johnny vivait dans la hantise de la solitude. Finalement, ils ne sont pas si nombreux ceux qui pouvaient tout lâcher à 2 heures du matin pour partir le retrouver n'importe où et regarder avec lui des films dans son home cinéma, jusqu'à l'aube, un verre de blanc ou une bière à la main.

— Michel, qu'est-ce que tu fous? Viens aux Bahamas!

— Quoi? Mais quand?

— Aujourd'hui! Prends un avion. Demain soir, t'es là.

Johnny évoluait dans une réalité personnelle où les Bahamas sont à deux stations de la place de la Concorde. En dehors de la scène et des studios d'enregistrement, sa vie se passait entre lui et lui, libre de tout.

— Je ne peux pas, Johnny, je travaille.

— Tu fais quoi?

— Je fais de la télé.

— Ah bon, encore!

Je pense à ma femme qui n'est pas venue. Dany a pourtant connu Johnny avant moi, au tout début de la bande de la Trinité, faite de jeunes types, moitié mauvais garçons, moitié rockers. Mais Dany a décidé de ne plus aller aux enterrements,

146

pour s'épargner une peine supplémentaire, fuir les mondanités et, enfin, parce que le passé est passé.

Dans une église, les souvenirs reviennent en masse, plus forts que partout ailleurs. Je me souviens d'un dîner à la maison avec Johnny, en période d'abstinence, sous contrôle et sous régime. Nathalie Baye partageait alors sa vie, veillait sur lui et à tout, le bar était *closed*. Johnny connaissait Claude, notre cuisinier, pilier de notre foyer. Au milieu du repas, l'idole nationale s'est éclipsée pour filer à la cuisine.

— Bon, Claude, c'est pas tout ça, il est où le blanc ?

Claude essayait d'appliquer les consignes.

— Johnny... Non, c'est défendu, je ne peux pas...

— Ohé ! Il est où le blanc, mec !

Il y a des hommes à qui il n'est pas facile de dire non.

Nous attendons les deux derniers absents de la cérémonie : Johnny et le président de la République. De l'extérieur, le bourdonnement qui nous parvient ne cesse d'enfler. Certains n'ont pas hésité à sortir leur portable pour suivre les chaînes d'info en direct, dont les caméras sont braquées sur la Madeleine et aux alentours.

Quelque chose est en train de se passer.

La France qui se lève tôt, cette « France d'en bas », comme on a osé la nommer, une France qui ne fait pas d'histoires, s'est rassemblée rue Royale, aux Champs-Élysées, place de la Concorde, quartiers les plus chics de la capitale. Elle envahit les trottoirs tandis que les bikers en défilé font vrombir leurs motos comme autant de salves d'honneur devant chez Maxim's. Les Harley-Davidson frôlent les limousines noires. Des milliers de gens tranquilles, à la fois endeuillés et contents de manifester ensemble leur affection à l'artiste qu'ils aimaient. Simples comme Johnny, au fond.

Nous ne sommes pas si loin du square de la Trinité, un peu plus au nord, où avec Dutronc et Eddy, ces jeunes canailles du Paname populeux des sixties ont commencé à faire parler d'elles. Le plus charismatique, blond comme un ange, beau comme le diable, avait le coup de poing facile, des rêves d'Amérique, de rock, de blues, entre James Dean et Elvis. La place Clichy était leur domaine, jusqu'aux Batignolles. Aujourd'hui, Johnny remonte un peu vers chez lui, via les Champs-Élysées.

Si les enterrements sont longs, c'est peut-être pour nous permettre de prendre le temps de voir défiler le passé. Nous devenons tous un peu les historiens de nos propres existences dans une église. À cette époque-là, celle de « Retiens la nuit », j'étais où ? Et vous, où étiez-vous ?

Dehors, les musiciens de Johnny jouent sur une estrade, comme celle d'un bal populaire mais tendue de noir, dressée à gauche de l'escalier monumental. Ils reprennent les titres de leur boss. Juste la partition, sans sa voix ; alors, régulièrement, l'écho de milliers de choristes ajoute les paroles des chansons à la musique.

L'oubli ne se fera pas. En arrivant, j'ai aperçu de très jeunes gens en larmes parmi les papis tatoués en blouson noir. Chacun communique son chagrin au voisin, évoquant un artiste à la fois d'ici et de très loin.

Le Jean-Philippe Smet de dix ans, lui non plus, n'a jamais guéri de son enfance, déjà, sur scène, déguisé en petit cow-boy. Je pense à Léo Ferré – « avec le temps, va »... À tant de chansons de Charles, aussi, qui, comme Dany, ne vient plus aux enterrements. Chez les Arméniens, m'a-t-il dit, le deuil dure quarante jours et on ne montre pas sa peine. Au fond, Aznavour a autant chanté le temps que l'amour. Et qui mieux que lui a connu Johnny à ses débuts, adulé et paumé ? Charles l'a même hébergé pendant deux ans, chez lui, à Monfort-l'Amaury, plein d'un sentiment paternel envers ce gosse à qui il a offert une chanson magnifique : « Retiens la nuit ». Déjà héros des durs, avec ce titre, son protégé est aussi devenu un piège à filles, avant Jacques Dutronc. La tendresse et la fragilité du jeune fauve y étaient perceptibles. Johnny, l'idole des jeunes, l'affiche de toute une génération.

La rumeur des bikers se rapproche, ces vrombissements résonnent dans l'église, amplifiés par les micros. Par moment, l'unisson de la foule est si puissant, si net, qu'on comprend chaque mot de chaque vers chanté, scandé, avant que ne retombe un silence dans la nef où nous chuchotons, échangeant une impression, un souvenir.

À quelques heures d'intervalle, après Jean d'Ormesson, Johnny Hallyday... Deux France, apparemment antinomiques, se sont passé le relais-témoin d'un grand deuil. Comme Édith Piaf, disparue en même temps que Jean Cocteau. À peine sortis les numéros spéciaux sur Jean d'O que les imprimeries se sont remises à tourner pour Johnny.

Sheila. Adamo... Autour de moi, dans un carré de dix mètres sur dix, en quelques secondes, à travers tous ces visages d'artistes, ma vie afflue en flashs d'images-souvenirs.

— Je sais à quoi tu penses, me glisse Jean-Marie Périer.

Nous nous sourions.

Jean-Marie Périer, photographe pour Daniel Filipacchi, *Salut les copains*, *Paris-Match*, la France joyeuse des années 1960. Le metteur en scène d'un cliché mythique, lors de cette séance photo de groupe où Johnny, en retard et malin, s'est faufilé pour grimper sur une échelle oubliée par un peintre. Déjà au sommet, à part et au-dessus des autres, sans contestation. Son exploit est d'y être resté, parrain d'une bande qui a vieilli avec lui sans le déloger de son statut de numéro un. Comment

150

9 décembre 2017

Jean-Marie Périer aurait-il pu ne pas être là ? Comme d'autres, journalistes, photographes, patrons de presse, de boîtes de nuit, labels, avocats, musiciens, paroliers, animateurs, médecins, banquiers, agents immobiliers, tant de métiers ont accompagné Johnny, vécu avec et grâce à lui, tout au long de sa carrière. Avec Jean-Marie, tous les deux allons regarder de près l'unique portrait qui se dresse près du chœur. La place du cercueil est encore vide.

— Cette photo, tu t'en souviens...
— Oh, qu'il était beau, ce con.

— Bonjour, Sylvie.
Sa première femme, figée sous ses lunettes noires. Leur union à Loconville, petit village de l'Oise, avait suscité une émeute, une folie, dont Sylvie ne garde pas un très bon souvenir. Je suis repassé récemment à vélo devant leur charmante maison, j'avais l'impression qu'Eddie Vartan, le frère de Sylvie, à l'origine de sa carrière, allait s'avancer sur le pas de la porte pour m'inviter à prendre un café.

Personne n'est pressé, personne ne dit : « Dépêchez-vous, j'ai un avion à prendre, un enregistrement. » Le temps passe. Je surprends des bouts de conversation dans les travées :

— T'as déjà été à l'île Moustique ?
— À Saint-Barth ?

— L'île Moustique et Saint-Barth, c'est pareil, non ?

— Il paraît que c'est tendu entre les enfants et la Læticia…

— Ah bon, ça n'a pas l'air.

— Entre l'air et la chanson, hein…

— On dit qu'il sera enterré à Saint-Barth et que le cimetière pourrait devenir payant…

— Arrête, c'est pas possible…

— Mais il est où, là, le cercueil ?

On cherche Johnny, qui vogue quelque part sur la foule immense de ses fans, à travers Paris.

Le sanctuaire attend son idole.

— C'est dingue le nombre de gens massés sur le parcours… Je viens d'écouter le flash spécial sur RTL, ils parlent d'un million de personnes.

Ultime tournée plein pot, à guichets fermés… Pour une fois, Johnny ne souffre pas du trac au fond de sa loge. Enfin, il va pouvoir entrer sur scène tranquille.

Aux portes de l'église, certains s'empressent de répondre aux micros tendus. Il faut bien occuper l'antenne des chaînes tout info quand l'info tarde à venir. La plupart des invités n'ont pas envie de s'épancher, mais il y a toujours ceux que les enterrements médiatiques rendent bavards, même s'ils ne sont pas les plus qualifiés pour s'exprimer. Ah, le nombre d'historiens du show-biz qui n'ont pas connu l'histoire…

9 décembre 2017

The show must go on.

Arrivée de Line Renaud, juste avant le cercueil et le Président, en reine mère, doyenne de notre monde.

Avec le temps, finalement, avoir réussi sa famille est aussi important que d'avoir mené une grande carrière. Johnny aura connu cette double joie. Cette fierté apaisante, sur le tard, a dû le consoler. Il a accompli son destin jusque dans son intimité.

L'image la plus triste qui me revienne de lui est celle où il se trouve seul avec son garde du corps sur la tombe de son père à l'enterrement de M. Smet, en Belgique. Elle était parue dans la presse à l'époque, fascinante. Pas une cousine, un voisin, un vague copain de dernière heure, même pas un compagnon de bar. Rien. Personne. Sauf ce fils, unique et solitaire, qui connaissait à peine son père mais qui avait tenu à faire le voyage pour suivre le cercueil. Même s'ils avaient coupé les ponts, Johnny a hérité de cette solitude. Combien de fois, au centre d'une bruyante bande de copains, de fêtards, d'admirateurs, m'a-t-il paru lointain, dans sa bulle ? Ses nuits ne passaient pas. Dans le métier, nous savions qu'il souffrait de mélancolie chronique, ce qui lui donnait sans doute ce laconisme, ce détachement particulier entre deux fureurs de vivre. À froid, un poids semblait toujours voûter ses épaules.

Dans une église, on se dit que sa propre existence peut s'achever n'importe quand, pourquoi pas demain matin? Prétendre que je n'en ai pas peur serait excessif, mais je ne ressens pourtant pas de réelle frayeur face à la mort. Je redoute davantage les impensables conditions qui m'y mèneront. Personnellement, j'aurais préféré que Johnny finisse foudroyé, d'un coup, en sortant de scène après un concert des Vieilles Canailles. Dalida avait raison, la plus belle mort d'un artiste est de partir sur scène.

J'échange deux mots avec Philippe Labro, un de ses paroliers, et avec Daniel Rondeau, un de ses biographes. J'embrasse David et Laura.

Dans cette ferveur particulière qui montait déjà en arrivant rue Tronchet, j'ai été surpris par la réaction de la foule. J'ai découvert que j'avais un rapport particulier avec ces témoins si nombreux. Quand Johnny me rappelait, à cause de nos vingt ans en commun, que nous étions un peu frères sur cette longue route, c'était la vérité. Aujourd'hui, à la sortie de mes spectacles, j'entends souvent : « Nous avons grandi, vieilli, avec vous. » La durée crée la fraternité.

Nous attendons toujours l'idole. Sous les musiques de ses tubes, reprises par la rue. Sa voix me revient, sans arrêt.

— Viens à Gstaad, faire du ski !

— Mais tu ne skies jamais !

— Viens quand même !

— Je suis à la radio.

— Ah bon, à quelle heure ?

— Neuf heures du mat', sur Europe 1, tous les jours.

— C'est pour ça, je peux pas t'entendre. T'es plus à RTL, « La Grande Parade » ?

— Non, j'en suis parti, ça fait maintenant presque quinze ans.

Les journées de Johnny ne débutaient pas avant 13-14 heures.

— … Tous les jours à la radio, t'en as pas marre ?

— Si je m'arrêtais de bosser, je serais très fatigué.

— Faudra que tu m'expliques.

De temps en temps, il manifestait de l'intérêt pour mes activités. J'allais dans sa loge en quête d'un encouragement, un bref compliment, après un de nos grands shows. Mais rien à faire, en général, Johnny n'aimait pas la télé, la « petite promo », comme il disait. Chanter deux, trois chansons, sans se chauffer ni prendre le pouls du public… Il n'appréciait que les soirées en direct, sans filet, la retransmission de ses spectacles, du Parc des Princes au Stade de France, ou de venir parler

cinéma en compagnie de quelques copains du septième art.

— Alors, t'es content?

— Avec toi, je suis toujours content.

La « salle » de la Madeleine ressemble de plus
en plus à une très belle première mondaine en
matinée à l'Olympia, à deux pas d'ici.

Je me souviens d'un rendez-vous important
avec lui, à Ramatuelle, où il nous ouvrait sa villa,
dont il était si fier, la Lorada – contraction de Laura
et David. Malheureusement, le taulier n'était pas en
forme, fatigué, crevé – Johnny était toujours fatigué.
Nous devions rester vingt-quatre heures, nous y
avons passé trois jours. Il faut du temps pour ama-
douer un tigre patraque. Johnny voulait des
prompteurs pour balancer des réponses pré-écrites
à ma conversation. Il aurait été brillant et spirituel,
sans efforts, lui qui souffrait beaucoup, sans le dire,
de passer pour un con, quand il était seulement
timide et mélancolique. Mon Dieu, les humoristes
ne l'ont pas épargné. J'ai raconté déjà ses coups
de fil nocturnes lorsqu'il voulait casser la gueule à
Laurent Gerra, mon acolyte à « Studio Gabriel ».
Comme je ne pouvais pas stopper Laurent – un bon
chroniqueur humoriste, plus tu le pries d'en faire
moins, plus il en rajoute –, Johnny avait fini par
m'agonir au téléphone à 3 heures du matin :

— Bon, ben, c'est à toi que je vais casser la
gueule !

156

Finalement, Laurent et Johnny se sont découverts et appréciés à un spectacle de Laurent, pourtant toujours aussi saignant. Se moquer n'empêche pas d'admirer ni d'aimer. Johnny a retrouvé le sourire et un ami.

À la Lorada, cet été-là, à la fin des années 1990, heureusement, il a peu à peu repris du poil de la bête et ce fut finalement un des meilleurs moments médiatiques que nous ayons partagés, sans prompteur évidemment, dans une improvisation totale. Cet entretien a été rediffusé pour commémorer sa disparition. Johnny était aussi soulagé qu'heureux que ce soit terminé, pour une fois satisfait de lui dans nos échanges.

— Viens, on a fait un beau truc alors je vais t'offrir un cadeau.

Je l'ai suivi dans le garage, immense évidemment, devant une Harley-Davidson bleu acier et chrome, un engin magnifique.

— C'est pour toi.

— Oh, Johnny, non !

— Pourquoi non ? Si tu pars pas avec, je le prendrai très mal.

— …

Rien à faire, je hochais la tête négativement, je ne pouvais pas accepter un tel cadeau.

— Putain, t'es barge ou quoi ? T'as tort, ça te donnerait un ku de jeune. Fais-moi confiance… Y aura eu deux moments importants dans ta vie :

quand Johnny t'a dit d'enlever ta cravate – on n'interviewe pas un rocker comme un journaliste du 20 heures –, et quand Johnny t'a offert ta première Harley.

— Mais j'ai pas le permis moto.

— Et alors… oh, tu fais chier. Alors tiens, prends la Porsche !

Je ne suis pas reparti en Porsche. Il a dû l'offrir à quelqu'un d'autre.

C'était Johnny.

Le père de Læticia me tombe dans les bras. Soudain, en regardant Sylvie Vartan, je me souviens que la maman de Sylvie considérait aussi Johnny comme son fils. Connaissant mes origines austro-hongroises, à Paris ou à Los Angeles elle me cuisinait des pâtisseries viennoises.

Jean-Claude Camus, son manager de toujours, retient ses larmes.

— Tu te rends compte que toute ma vie, j'ai vécu avec ce mec ? Heureusement que Læticia nous a réconciliés. Quand j'y pense, il serait mort sans qu'on se soit reparlé. Et pourquoi ? Pour des histoires de fric. J'en serais malade.

Le cercueil vient d'entrer. Spontanément, dehors, la foule a entonné « Que je t'aime ». Ce fut un moment de grandeur. Une clameur de plusieurs centaines de milliers de personnes, d'un État, d'un pays et de tout le métier, à l'unisson.

Ce fut vraiment beau. Au fond, cet homme pas très heureux qui a tout donné à son art et à son public le méritait. Finalement ce sont ces anonymes, d'une qualité exceptionnelle, qui auront mené ces obsèques marquant la fin d'une époque. Johnny a toujours su que sa première famille, à la fois père, frères et amis, c'était son public. Et le public a fait le show en son honneur devant la Madeleine des officiels.

Du fond du cœur, j'espère qu'il a vu ça.

Je suis sorti de l'église par une issue discrète avec Gérard Lenorman.

— T'as vu, on est encore là. Les gens nous aiment encore.

J'avais rendu hommage à Johnny trois jours plus tôt, sur France 2. Pour cet exercice télévisuel, j'ai tenu à être debout, sans notes, sinon quelques grands repères. Pas de prompteur ni d'oreillette parce que je n'ai jamais su me servir de ces prothèses. Je n'ai pas besoin de mémo puisque nos parcours se confondent, toutes ses actualités s'inscrivaient dans mes émissions. Je n'ai eu qu'à penser à lui, à nous, les mots sont venus. L'état-major de la chaîne, descendu des bureaux, se tenait en régie. Là encore, peut-on parler d'un cadeau de Johnny ? En tout cas, jusqu'à sa toute dernière fin, il m'aura laissé une pierre blanche. J'avais prévu deux, trois phrases en guise de final. L'hommage s'était déroulé sans incident, je maîtrisais, deux heures et quart avaient tourné, nous arrivions à la dernière minute, celle de prendre congé d'avec les téléspectateurs… J'ai dit :

— Vous savez dans ma carrière, longue déjà, j'ai vu partir beaucoup de copains…

Sur le mot « copains », ma voix s'est étranglée. D'un coup, ma propre émotion et mon chagrin ont envahi l'espace, le décor.

— … Lui, c'était spécial.

Les mots ne sortaient plus. Je ne pouvais pas rendre l'antenne et je ne parvenais pas non plus à me maîtriser. Impossible de rester comme ça, tête basse, sans prononcer une parole. Ce blanc, presque un effondrement, m'a paru durer un siècle. Tant d'images-secondes se sont mises à défiler en moi, tant de souvenirs, de passé, avant un trou noir. Juste de la peine. Mes lèvres en tremblaient. J'ai demandé pardon aux téléspectateurs.

— Tu aurais pu vivre encore un peu, Johnny.

Je pleurais vraiment. Je crois que j'ai compris à cet instant-là que je ne reverrai jamais Johnny.

J'ai ajouté :

— Je sais que nous nous reverrons un jour ou l'autre.

Et j'ai levé la main à la fois en signe d'adieu et pour rendre l'antenne.

— Salut, mon pote.

Je ne suis pas allé au bout de ce que j'avais prévu, lui demander d'embrasser Thierry Le Luron

160

9 décembre 2017

et Coluche… Probablement parce que ce sont les amis du métier dont j'ai le plus mal supporté la disparition la même année, en 1986. Thierry, si jeune, à trente-quatre ans et Coluche, de façon fulgurante, sur une route calme. L'émission s'est donc achevée sur les mots : « mon pote ».

Le temps qui passe m'est resté en travers la gorge.

Le staff directorial, en régie, est venu me réconforter après cette conclusion difficile qui les avait émus, tous m'ont félicité d'avoir tenu l'antenne. Je n'y croyais qu'à moitié. Je voulais rentrer chez moi.

Je me demande aujourd'hui, compte tenu de ce qui s'est passé par la suite, si je n'ai pas compris avec la disparition de Johnny que ma carrière aussi arrivait à son terme. De la même manière que nous avions débuté, ensemble, sous le beffroi de Douai, en direct et en plein air, en janvier 1966. Bien sûr, plus raisonnable que Johnny, avec une vie plus saine dont il se moquait, je me souviens d'être passé chez lui un matin pour l'inciter à faire du vélo. Je venais de lui en offrir un pour Noël. À peine réveillé, il m'a ouvert. Ayant oublié notre rendez-vous il m'a dévisagé des pieds à la tête dans ma tenue de cycliste.

— Tu t'es vu, tu ressembles à un burdon avec les jambes des Frères Jacques ! Mais t'as l'air en forme, tu fais quoi ?

161

— Ben c'est simple. Je me couche et je me lève tôt, je fume pas, je bois pas, je mange sain, je fais du sport, de la prévention, je vois régulièrement les médecins et j'ai la même femme depuis quarante ans.

— Ouais, t'as une vie de con, quoi.

Déjà, je retardais la date de péremption. J'ai donc gagné quelques années de sursis mais, ce 6 décembre 2017, j'ai la sensation que mon monde à moi aussi vient de s'achever.

Dans ma rue, quand je suis sorti du taxi, un inconnu est venu vers moi :

— Je ne connaissais pas Johnny, mais à la télé, l'autre soir, votre chagrin a été communicatif.

Les quelques mots de ce monsieur m'ont été répétés, à peu de choses près, par des dizaines de personnes, plus ou moins proches. Deux cent cinquante textos. À moi qui contrôle mes nerfs, qui ne montre rien d'habitude, ni en public ni en privé, Johnny a filé encore un coup de coude qui m'a libéré pour laisser couler mes larmes. Après m'avoir ôté ma cravate, il m'a enlevé ma pudeur. Je m'attendais à être la cible des réseaux sociaux, une douche glacée pour le présentateur sénile, Facebook et Twitter ne sont pas des tendres. J'imaginais que quelques collègues feraient semblant de ne pas me voir comme lorsqu'on traverse une forte zone de turbulences ou que l'on vient de commettre une boulette. En 1965, le petit Drucker a commencé par une tremblote au temps de Léon Zitrone... En 2017, le père Drucker finit par une crise de larmes en enterrant le dinosaure du rock... Pas du tout. C'est l'inverse qui s'est produit. Le comble. En perdant mes moyens, sans doute ai-je exprimé ce que tant de gens avaient sur le cœur, une bouffée de tristesse de voir partir les pieds devant cinquante années, notre jeunesse et ses chansons. Les hauts et bas de Johnny, dont les folies, la frénésie ont servi de toile de fond à un demi-siècle de variétés. Enfin, ceux qui doutaient que je puisse encore trahir une émotion sous des décennies de make-up ont été touchés de me voir lâcher prise.

Nuit folle au Zénith

« Quel âge avez-vous, mademoiselle ?
— Ça dépend des jours. »
Coco Chanel

Certains soirs, contrairement à ce qu'on me dit, j'ai l'impression de faire mon âge, et ce n'est pas un drame. C'est même très bien. Christophe Dechavanne vient de reprendre la production de la tournée « Âge tendre et têtes de bois », je lui avais promis de venir voir le spectacle à Paris... et je me suis éclaté, il n'y a pas d'autre mot. Les anciennes gloires me rappellent que j'en suis une, moi aussi. Je retrouve le monde des survivants, Michèle Torr, Nicoletta, Dave, Sheila... C'est mon club. Au lieu de nous réunir pour jouer au bridge, à la belote ou pour une partie de pétanque, nous poussons les chansonnettes de notre jeunesse, qui n'ont pas pris une ride. Va savoir pourquoi les chansons ne vieillissent pas, quand leurs auteurs et leurs interprètes, si. Ils sont tous de la tournée. Installé côté public, j'ai passé la soirée à observer la salle en délire autour de moi. Il y avait même Pierre Groscolas et Richard Dewitte, le chanteur d'Il était une fois – groupe culte, les moins de quarante ans ne pourront jamais savoir l'effet que provoquait sur la testostérone le short taillé dans le drapeau américain de Joëlle, la chanteuse suédoise du groupe.

Le spectacle est double, dans la salle autant que sur scène. Côté répertoire, tout le monde connaît par cœur ces tubes immortels, trois mille personnes viennent encore de me le prouver, bissant jusqu'à minuit sonné. Voilà cinquante ans qu'on célèbre ses dix-sept ans à Michèle Torr et que nous la soutenons lorsqu'elle supplie son mari de l'emmener danser ce soir. Côté public, c'est la kermesse au selfie, bien sûr. Lorsqu'ils m'aperçoivent, les spectateurs, pensant me faire plaisir, me lancent :

— Oh, Michel Drucker ! C'est vrai qu'on a le même âge ! On est de la classe !

— Ah mais oui ! Formidable !

Dans le milieu parisien, il est de bon ton de jeter un regard ironique sur ce spectacle d'arrière-garde qui fait cependant un carton depuis dix ans. Je ne partage pas du tout cet avis. Dans les éditions précédentes de ces galas, je me suis surpris certains soirs à endosser les habits de Pascal Sevran,

M. Loyal de la chanson française, pour animer la soirée et annoncer les artistes, qui sont presque tous de (vieux) amis. Les trois mille spectateurs sont exactement ceux qui regardent mes émissions – mon assurance-vie professionnello-génération-nelle. Leur fidélité me permet de poursuivre ma route.

Dans cette horde en délire, j'ai eu beau cher-cher quelques visages juvéniles, je mentirais si je prétendais en avoir trouvé beaucoup. De temps en temps, un moins de trente ans émerge entre les permanentes bleues et les crânes dégarnis, en général parce qu'il accompagne sagement sa grand-mère, stupéfait de la voir se dresser soudain du fauteuil en hurlant qu'elle irait bien refaire un tour du côté de chez Swann. Les seuls jeunes que j'ai repérés sont des accompagnants, sans blouse blanche, mais l'œil un peu inquiet tout de même. Sheila a ses danseurs et lève encore la jambe presque aussi haut qu'eux. La mise en lumière est top, les musiciens excellents, les artistes bénéfi-cient du même écrin que les stars actuelles. Leur voix, souvent, est toujours là, la seule différence, de taille, est que nous avons tous, public et artistes, trente, quarante, cinquante ans de plus au comp-teur. Ça ne fait rien. Si Sheila déboulait sur scène en kilt avec une paire de couettes pour entonner «L'école est finie», nous serions ravis. Au bout de vingt minutes, délai nécessaire à l'effet de cette drogue surpuissante, on se métamorphose en voyageurs du temps, «Donne-moi ta main et prends la mienne», sur «Les neiges du Kilimandjaro», avant de retourner à Capri, jamais fini, «Ève, lève-toi»… Tout cela n'est pas d'hier, je m'en rends compte, mais ce bail décuple notre bonheur d'être ensemble. J'y ai encore pris un plaisir fou. Mika ou Maître Gims sont merveilleux, mais rien à faire, ils ne me font pas le même effet. À «Âge tendre…», je me sens à la maison. *Papy is back in town.* Le plus fou est que nous sommes trois mille, hommes et femmes, à éprouver exactement le même *revival.* Je ne compte pas les dames que j'ai vues ôter leurs chaussures pour traverser la deuxième partie en dansant debout. De loin, et myope, «Âge tendre…» va finir par ressembler à Woodstock ou aux Vieilles Charrues. Vous devriez y venir ou, comme moi, y retourner. Je ne crois pas avoir manqué une édition. Ça fait un bien fou de remonter le temps, sans larmes. Et vous pouvez chercher, je vous mets au défi de trouver des femmes de son âge qui bougent comme Sheila.

Mon ami Dave, lui, arrive sur scène de façon pleinement assumée. Il est donc le plus drôle de la bande. Rien ne peut abattre les vrais artistes.

Il déclare :

— Vous vous rendez compte, à mon âge, être encore là, je suis sûr que vous devez me trouver pathétique… Bon, je vais vous chanter une chanson

170

prémonitoire que je n'aurais jamais dû interpréter :
« Mon cœur est malade ».

Dave a en effet subi un pontage. Il est essouf-
flé. Personne ne le lui reproche, au contraire, la
salle l'acclame en riant. Puis il ôte sa veste, reprend
son souffle, avant de se lancer et d'enchaîner avec
« Vanina » – autre de ses tubes.

Sheila est vedette de la première partie, Dave
de la seconde, alignant chacun cinq ou six *hits*.
Les deux têtes d'affiche font un triomphe. Le
show-business, même entre vétérans, demeure
une compétition draconienne avec ses super-stars
et ses poids légers, rien n'a changé, mais tous
sont très heureux d'en être encore, comme votre
serviteur.

Dick Rivers fait l'ouverture – malgré notre
contentieux presque aussi ancien que nous, à ma
grande surprise, je l'ai trouvé épatant, encore
meilleur qu'à ses débuts. Nous avons failli nous
réconcilier en coulisses, même si Dick ne me pardonne pas de ne pas lui avoir consacré tout un
« Vivement dimanche » – et sans doute n'a-t-il pas
tort. Dans la liesse générale j'étais vraiment prêt à
le féliciter.

L'animateur Cyril Féraud, très doué, présente
l'ensemble avec autant de brio que d'entrain. Rien
d'étonnant, vu l'âge qu'il a. Mamans et mamies en
pincent pour ce garçon sage qui assure également
l'animation du jeu le plus populaire de France 3,

171

« Slam ». Je me reconnais un peu en Cyril, à mes débuts, même s'il semble bien moins stressé que je ne l'étais. Si nous avons tous les deux le même public, contrairement à lui, j'ai le même passé que toutes les vedettes qu'il annonce.

Lorsque j'ai assisté aux premiers concerts voilà une dizaine d'années, j'étais trop jeune, pas tout à fait prêt pour l'initiation, amusé par l'ambiance un peu kitsch de la tournée. Hier soir au Zénith, enfin, j'ai franchi le mur du son, emballé par un gala sans égal. Je me suis retrouvé pile dans ma cible et dans le bain, vieux avec les vieux. Ça m'a carrément rajeuni. Mes amis d'un soir s'appellent Odette, Paulette, Marcel, André, Pierrot… Des prénoms comme les parents n'en donnent plus à leurs enfants, mais ça peut revenir à la mode, comme dirait Éric Antoine. Eux me nomment Michel, sans façons. Avec le temps, nous sommes assez intimes pour pousser plus loin qu'un simple selfie. On me dit :

— Allez, c'est l'anniversaire de Pierrot, Michel souhaitez-le-lui !

Et le selfie se transforme en vidéo. Je ne rechigne pas.

— Bon anniversaire, Pierrot !

Une voisine a l'idée de faire de même pour son mari Roger, en maison de convalescence à Concarneau.

— Vous connaissez Concarneau, Michel…

— Bien sûr... Bon anniversaire, Roger de Concarneau.

— C'est Michel! T'as vu, mon Roger, c'est Michel Drucker!

— Oui, tout à fait, c'est moi, Michel Drucker.

Et ainsi de suite avec tous les fauteuils alentour.

— Comme vous, nous sommes mariés depuis quarante-cinq ans. Vous aussi n'allez pas tarder à fêter vos noces d'or avec Dany, non?

Ils me demandent des nouvelles de mon épouse, qu'ils connaissent presque aussi bien que moi, en se désolant qu'elle ne m'accompagne pas.

— Elle n'est pas malade, au moins?

— Non, pas du tout, Dany est très casanière.

— Vous lui direz qu'elle rate quelque chose!

— Mais je le lui dis à chaque fois.

Les gens ont une mémoire phénoménale, du moins pour ce qui les concerne, ils n'oublient rien.

— Bonjour Michel, c'est Ginette, vous vous souvenez de moi...

— ...

— Mais si, au Super U de Besançon, en 1976.

Ce serait lui faire de la peine de ne pas se souvenir.

D'ailleurs, Ginette a une preuve, elle me sort une photo de son portefeuille.

Effectivement, c'est moi, j'étais au Super U de Besançon en 1976. Mais sur sa photo, on dirait un sosie, une parodie, avec le brushing de l'époque, ma choucroute brune, des fringues chics de ces années-là, avec les cols pelle à tarte – je hais la mode. La photo est coupée, je n'ose imaginer le pantalon… Mon Dieu que j'étais jeune mais que j'étais ringard! Qu'est-ce que je foutais, pourquoi se vider une bombe de laque sur la tête? Pourquoi cette chemise?

— Ah, oui, oui, oui, oui… Besançon, bien sûr…

Ginette est radieuse. Elle, n'a pas beaucoup changé, c'est moi, pas Ginette, qui suis ridicule sur cette photo d'il y a quarante ans.

— Je disais que vous, vous n'avez pas changé…

Je dois parler fort, nombre de mes admirateurs n'entendent plus très bien. Bientôt, je pourrai discuter sonotone avec eux.

De-ci de-là, malgré la pénombre d'une salle de spectacle, j'aperçois des prothèses auditives presque aussi grosses que des cerises. Je me dis que les prothèses dernière génération, beaucoup plus discrètes, doivent être hors de portée de la plupart des porte-monnaie, exclues des mutuelles. Il faudra que je pense à me renseigner sur le meilleur modèle pour moi.

Le prénom Pierre me rappelle Pierre Bellemare et Pierre Dumayet. Je les trouve beaux, ces patronymes d'avant et d'après-guerre. C'étaient ceux des

174

baby-boomers qui repeuplèrent la France. Le seul que j'aurais eu du mal à porter, c'est Léon. Marcel, Guy, Patrick, René, pourquoi pas, mais m'appeler Léon m'aurait fait de la peine, peut-être à cause de mon premier mentor Léon Zitrone – qu'il me pardonne. J'ai admiré Zitrone, envié sa culture, son aura, mais je n'ai jamais voulu lui ressembler.

Pendant deux heures, je me suis senti comme un poisson dans son bocal. Tout était facile, tout allait de soi dans la plus extrême bienveillance. Entre septuagénaires, octogénaires, noces d'or et d'argent, nous nous tenons chaud. Bain de foule égale bain de jouvence. Quand je pense qu'on prétend que les vieux sont acariâtres, jamais partants, qu'ils n'auraient pas bon caractère, quelle injustice. Y a pas plus coulants, des crèmes, et avec une de ces patates !

Et vas-y que je me lève, que j'agite les bras en reprenant « L'Avventura » avec Stone. « Made in Normandie », idem. « Lady Lay », de Groscolas – inoubliable. Je connais tout par cœur, comme eux, j'ai vu naître ces chansons avant qu'elles ne deviennent les refrains d'époques successives, « Du côté de chez Swann » jusqu'à la « Mamy Blue » de Nicoletta qui voit toujours mourir le soleil avec la même ferveur.

À partir d'aujourd'hui, je jugerai cruel et déplacé d'entendre la moindre moquerie sur cette belle et sympathique soirée de la variété tricolore.

175

Quand je pense que l'hilarant Mathieu Madénian aime à surnommer cette fête «Âge tendre et jambes de bois». La jeunesse est féroce et bête de s'imaginer qu'elle ne sera jamais vieille. Rira bien qui rira le dernier, Mathieu.

Le jour même, j'avais déjeuné chez Marius et Janette avec Delphine Ernotte, patronne de France Télévisions, qui m'a dit tout de suite, peut-être pour m'endormir, qu'elle ne m'avait jamais trouvé aussi jeune. Normal, je m'étais donné encore plus de mal que d'habitude. Rasé de près, tartiné de sérum raffermissant, vêtu de noir, à jeun de la veille pour paraître plus «slim». Si la patronne m'a trouvé jeune, c'est que j'avais tout fait pour. Je sais bien qu'au dernier étage de France Télévisions, certains doivent lui glisser que je suis une antiquité, une anomalie hors d'âge dans un service public qui s'honorerait d'ouvrir sa porte à la nouveauté. Les décideurs ont besoin de réfléchir encore sur mon cas, problématique, et j'ignore tou-jours quelle sera ma rentrée professionnelle.

Peut-être n'en aurai-je tout simplement pas. Ça y est, ma parano revient.

Je suis ressorti de ce déjeuner sans certitudes. Jeunisme et dégagisme n'ont pas fait recette, ni en termes d'audience, ni en termes d'images, c'est ma chance. Je dois prendre mon mal en patience. Je ne suis pas retourné au bureau rassuré. C'est fou, à mon âge, d'avoir encore besoin à ce point d'être désiré – sinon je dépéris, comme un géranium qu'on n'arrose plus. Mais après tout, je fais ce métier pour être aimé.

Heureux hasard de l'agenda, c'est le soir même, à 20 h 30, que j'ai retrouvé trois mille amis et leurs vedettes. Je regrette de n'avoir pas emmené la présidente, elle aurait adoré et aurait pu reconnaître, de visu, in situ, notre tête de cible dominicale. Et elle m'aurait vu encore rajeunir de quinze ans. Je vais finir par présenter « Les Maternelles » sur le service public.

Après le show, entre confrères, nous avons bu une eau gazeuse dans les loges du Zénith – quoique, certains ne boivent pas que de l'eau. C'est simple, je n'avais plus d'âge. C'est d'un confortable de n'avoir plus à se soucier du temps qui passe, le temps d'un concert. Chacun m'adresse un franc et chaleureux sourire, j'exulte tout en conservant ma lucidité – enfin, je crois.

Back-stage et on-stage, les vedettes sont heureuses des bravos, ravies des clameurs, émues d'entendre les mêmes compliments fiévreux qu'à vingt, trente ou quarante ans. L'émotion et l'effusion ne vieillissent pas, l'amour-propre non plus. Applaudissez un artiste vétéran, il retrouve illico ses vingt ans, comme l'a sublimement chanté Serge Lama. Je crois même que le temps décuple le lien et l'amour d'un public. Depuis mon siège, j'ai regardé les chanteurs d'hier recevoir des tonnerres de bravos dans les clignotements des sunlights et les reprises de l'orchestre. C'est leur moment après une éclipse de plusieurs décennies parfois. La foule est contente. On n'imagine pas à quel point la joie de trois mille seniors peut faire du bruit. Un boucan de tous les diables, ils en redemandent et on ne les tient plus – moi non plus. J'en suis à mon cinquantième selfie. Leurs applaudissements ressemblent à la foudre. C'est démentiel. Je vois, dans un coin des loges, Dick Rivers saluer ses fans comme une légende vivante. Michèle Torr recueille les bravos d'une foule énorme que bien des jeunes branchés rêveraient d'avoir pour eux.

Certes, ils doivent s'y mettre à plusieurs pour créer cette féerie. Seuls, ils remplissent un, peut-être deux Olympia par an. Mais quand Patrick Juvet se met à entonner «Où sont les femmes?», il retrouve ses vingt ans, indubitablement. Et le talent d'avoir écrit «Le lundi au soleil» pour Claude François est inaliénable. Un tube peut vous porter une vie entière.

Une pluie de roses, sans l'épine des années.

Tout est possible. Le rideau n'est jamais baissé, jamais.

Il faut du temps pour rester jeune.

Il en faut autant pour devenir heureusement vieux.

Rester jeune avec les vieux. Le reste, on s'en fout. Pendant deux, trois heures, hier soir j'ai vu des amis de mon âge retrouver leur jeunesse. Elle n'est pas enfuie, enfouie, elle est là, fidèle, elle n'a pas bougé. Elle nous appartient encore.

Ce matin, j'ai doublé ma séance de tapis de sol et suis parti pour un tour encore plus long à vélo.

Rester valide, à cette condition, tout demeure possible. S'il m'arrivait un coup dur, si moi aussi, comme des anonymes qui me donnent de leurs nouvelles, je devais lutter contre un mauvais coup du sort, un mélanome malin, je crois que je me battrais et que je m'en sortirais par goût de la vie. Être jeune et en vie, c'est pareil. Faut pas flancher. Il y a toujours une part de bonheur à prendre, un coin de ciel en soi qui ne vieillit pas.

C'est grave, docteur? (2)

« Faire un meilleur avenir avec les
éléments élargis du passé. »
Johann Wolfgang von Goethe

— Alors ?
— Ça va ?
— Ça va !

J'aime beaucoup le docteur Allard. Je n'ai jamais eu besoin d'un psy mais en vieillissant, j'apprécie un gériatre dans son genre, coach en longévité. Il m'apprend, il me rassure, il me guide. Nous continuons de brosser ensemble la typologie des chanceux qui vivent très très longtemps. Vouloir durer, sans peur du grand âge, constitue déjà un bon point, il y en a d'autres. Je souhaite faire de nos déjeuners une habitude.

Je lui avoue me trouver un peu ridicule, à mobiliser la salle de bains, m'entretenir, chercher sans cesse à repousser les stigmates du temps... Son air de ne s'étonner de rien, propre au médecin, facilite les confidences.

— Michel, la coquetterie compte énormément car elle implique une estime de soi et une considération pour le regard que les autres portent sur vous. Être coquet signifie vouloir plaire, aux autres et à soi-même. Vous voulez qu'on continue de vous admirer, de vous apprécier.

— Si vous le dites... Mais je stresse.

— Stress et angoisse ne sont pas forcément toxiques, toute médecine tient toujours dans le dosage, l'équilibre. Un peu comme le tabac ou le vin, à condition de ne pas vous détruire, l'angoisse peut s'avérer fortifiante. Si votre anxiété vous stimule, rangeons-la définitivement du côté des facteurs positifs. Si elle génère un accablement, un isolement, l'envie de renoncer, évidemment, non.

— Ah, moi, rien ne peut me faire renoncer ! Dites-moi si j'ai raison de vouloir travailler, travailler encore !

— Puisque votre activité est stimulante, qu'elle entraîne une valorisation sociale, vis-à-vis de vous-même et des autres, pourquoi y renonceriez-vous ? Lâchez ce métier qui vous passionne le plus tard possible. Vous savez, la fatigue qui naît de la passion est bien meilleure que celle que provoque la lassitude. Vous avez donc plutôt raison. Après toutes ces années à étudier le grand âge, je dirais même que s'obliger est bénéfique. Dans la discipline, la contrainte, l'effort, malgré les tensions et les difficultés, les moments d'anxiété ou de colère, il y a un désir d'aboutir, de maîtriser le réel et de s'incarner. Effectivement, renoncer aux activités semble plus dangereux que de s'en trouver débordé. La vitalité doit être sollicitée et plus elle est sollicitée, plus elle se fortifie.

— Merci, docteur. N'arrêtez jamais, voilà mon cri de guerre ! La retraite est donc bien une catastrophe

Allard soupire.

— Aujourd'hui, Michel, être à la retraite ne signifie pas arrêter de vivre. Il y a mille façons de s'engager, de se passionner autrement que grâce à une activité professionnelle qui de toute façon finira par vous échapper. Beaucoup de grands hommes, philosophes, hommes d'État, ont fini par cultiver leur jardin, trouvant dans cette activité à la fois une occupation et une contemplation qui les satisfaisaient.

— Ce n'est pas du tout mon cas. Je ne suis pas un grand homme.

— La dernière fois, vous m'aviez parlé de vos oliviers en Provence, un des arbres les plus longévifs ; c'est un signe.

— Oui, je les admire, je ne m'en lasse pas, je les trouve magnifiques, mais je ne sais même pas quand il faut les arroser.

— D'une certaine manière, soigner un champ d'oliviers s'avère être aussi passionnant qu'animer une émission de télévision, non ?

Je reste dubitatif, pas convaincu du tout. Un olivier, même vénérable, n'a pas la faconde de Fabrice Luchini, ne procure pas les émotions d'une chanson de Laurent Voulzy et Alain Souchon, un olivier ne sera jamais aussi sexy que Jean Dujardin, Clémentine Célarié, ni aussi drôle que Dave…

— Vous me conseilleriez de prendre des cours de jardinage ?

— Je vous dis seulement que la vie est multiple et les centres d'intérêt quasi infinis. Le secret des centenaires est sans doute d'avoir su s'intéresser successivement à une foule de choses qui les ont maintenus en éveil.

Selon Allard, puisque nous vieillissons de plus en plus tard, et en meilleure santé grâce au dépistage, aux traitements, à la médecine et à l'alimentation, l'existence nous offre plus longtemps sa variété de richesses.

Je lui demande si d'autres changements sont en train de transformer notre réalité.

— En un siècle, les humains ont grandi d'environ quinze centimètres, c'est vrai pour les Français, les Hollandais aussi bien que pour les Japonais et beaucoup d'autres peuples.

— Je croyais qu'on se tassait, avec le temps.

Allard opine.

186

C'est grave, docteur ? (2)

— Oui, on gagne d'un côté, on perd de l'autre, voilà peut-être le ressort de la création.

— Si je me suis mis à la natation, c'est aussi pour ne pas me tasser.

— Parfait. Mais sans aller jusqu'à la piscine, on s'endort plus petit et on se réveille plus grand.

— Pardon ?

— Oui, dans la journée, debout, on se tasse et la position allongée durant la nuit étire un peu votre corps, de 1 à 3 centimètres selon les cas. Vous voyez, tout fait sens dans la nature.

— Et le sexe, alors ? C'est ce que nous demandait notre voisin de table, l'autre jour.

— La sexualité, ça aide, comme tous les exercices physiques, et c'est bon pour les pulsations cardiaques. Maintenant, notamment chez l'homme, il faut quand même séparer ce qui est de l'ordre de la libido et de l'érection. La première dure plus longtemps que la deuxième. Il y a quelques fameux centenaires qui n'ont pas perdu la main, ils l'ont même gardée leste. Disons que le goût des autres en général est source de vitalité, à chacun de l'incarner selon ses désirs. En fait, le vieillir et le vieillissement sont deux notions différentes, à ne pas confondre : on vieillit dès le jour de notre naissance, certes, cependant on peut vieillir sans être un vieux.

— Mon œil s'allume. Voilà, tout à fait d'accord, c'est mon principe.

187

— Un centenaire de cent six ans comme Robert Marchand a pratiqué la course cycliste et doublé des jeunots jusqu'à tout récemment…

— Formidable! Vous pourriez me le présenter? J'adorerais pédaler avec lui.

— Il faudrait vous accrocher! C'est lui qui vous attendrait dans les côtes!

— J'ai hâte!

— Ce monsieur a arrêté la compétition l'année dernière, je crois. C'était quasiment un champion, le seul dans sa catégorie[1], mais une telle compétitivité est extrêmement rare… sauf chez les centenaires. Michel, savez-vous quel est l'organe vital le plus important?

— Notre cœur?

— Non, notre cerveau. D'abord parce que cet organe résiste le mieux au temps. Lorsque j'ai travaillé sur cette question, j'ai introduit le mot «Alzheimer» en France sur une plaquette qui a été distribuée à plus de cent mille exemplaires. Les neurologues, les gériatres, les psychiatres ne qualifiaient pas autrement ces troubles que par les termes de «sénilité», de «débilité». À partir de

---

1. Surnommé le «Super-Centenaire», Robert Marchand, qui va sur ses cent sept ans, a successivement établi le record de l'heure des plus de cent ans et des plus de cent cinq ans, catégories créées pour lui et qui ne lui connaissent aucun rival. Le plus surprenant est qu'il accomplit 26 kilomètres dans l'heure, soit la moitié du record mondial.

1985, ces mots qui recouvraient une sorte de fatalité erronée ont été remplacés par le nom d'une véritable maladie, Alzheimer.

— Une maladie qui fait peur.

— Mais seulement 3 à 5 % de la population développera une maladie du cerveau. S'il faut miser sur un organe, c'est sur le cerveau. Votre enveloppe, la peau, les reins, les yeux, l'audition, toutes ces facultés diminuent, même si vous les protégez, c'est comme ça. Nos fonctions s'altèrent mais il y a une chose inouïe, quasi mystérieuse : notre cerveau, dans son fonctionnement fondamental, lui, ne s'altère pas, peu ou plus lentement. Bien des centenaires tiennent des conversations, raisonnent, lisent des journaux et éprouvent les mêmes sentiments d'affection qu'à vingt ans. Leur cerveau n'a pas pris une ride.

— Je croyais qu'on perdait des neurones dès son jeune âge et que cette perte était irréversible.

— On n'en perd pas tant que ça. Certes ces cellules, contrairement à toutes les autres, sont incapables de se diviser et de se multiplier, et on en possède un nombre fixe à la naissance. Toutefois, il y a des exceptions, certaines cellules souches indifférenciées sont capables de se régénérer et de se transformer en neurones. De toute façon, c'est moins le nombre, la quantité qui sont déterminants que la connexion, la rapidité, la fluidité avec lesquelles les neurones sont reliés entre eux pour interagir.

— Cela s'entretient aussi ?

— Je pense que oui. Entre un quart et un tiers d'entre nous subissent avec le temps une baisse de performances mentales, sinon la moitié des personnes âgées sont tout à fait intactes intellectuellement.

Selon le docteur Allard, l'importance de l'éveil intellectuel, de la culture et même de l'érudition, la curiosité, la lecture, l'enseignement, le savoir, la prospective sont autant de jouvences. Apprendre est une des clefs du bien-vieillir, qui permettrait de maintenir toutes les activités neuronales au plus haut niveau. Être un éternel étudiant est donc l'une des conditions favorables à vivre un siècle. D'après les statistiques, plus une personne est cultivée, plus elle a tendance à mourir tardivement.

Je me promets illico de lire davantage, d'apprendre mieux mes fiches, de m'entraîner à retenir des noms au générique des films et de mémoriser des articles de presse en les lisant deux fois. En attendant, je poursuis le catalogue de mes questions, comme un candidat au permis de conduire interroge l'instructeur.

— Enfin docteur, pour bien vieillir, faut-il être bien entouré ?

— Oui, c'est mieux.

C'est grave, docteur ? (2)

— La solitude tue à petit feu, n'est-ce pas ?

— Non. Une personne habituée à sa solitude, son indépendance peut s'y trouver bien, créer ses propres stimulations. Maintenant, une solitude brutale, après le deuil du conjoint par exemple, est une épreuve qui rend particulièrement fragile. Le couple est considéré comme le meilleur rempart contre la dégénérescence parce que dans un binôme, l'un entraîne l'autre et le stimule, le surveille. L'essentiel reste de ne jamais se couper des stimulations sociales, de la communication, des échanges et des affects. Pour durer, il faut vivre en groupe, oui, cette loi est universelle… Pour preuve, les vieux éléphants mâles, les vieux lions s'isolent pour leur vieillesse puis pour mourir. Et scientifiquement parlant, les ermites ne font pas de vieux os. Maintenant, c'est toujours la question de la limite et de l'équilibre. Si votre conjoint vous fait vivre un enfer, la solitude vous préservera mieux que les flammes de cet enfer.

C'est le moment de faire le malin :

— D'où l'importance de la télévision, qui constitue une compagnie pour les seniors.

À ma grande déception, Allard n'a pas l'air emballé.

— C'est difficile à dire… Lors de la grande étude sur les centenaires, aucun d'entre eux n'avait regardé assidûment la télévision avant l'âge de cinquante ou soixante ans… puisqu'elle n'existait pas avant! Le problème avec la télévision, c'est qu'elle ne stimule pas l'ensemble du corps. Le petit écran n'impacte surtout que le sens visuel. Vous savez bien qu'on a davantage tendance à la regarder qu'à l'écouter. Raison pour laquelle la plupart d'entre nous ne se souviennent même pas de ce qu'ils y ont vu trois jours plus tôt. Et puis cela ne stimule pas du tout les autres sens comme le toucher, l'odorat, le goût, le système vestibulaire pour l'équilibre... donc cela laissera moins de souvenirs que la réalité, et ces souvenirs seront moins forts, moins résistants au temps.

Je me sens subitement fautif, presque coupable. Devant ma mine contrariée, Allard, qui est bien élevé, s'empresse d'ajouter :

— Mais quelle merveilleuse fenêtre sur le monde, cher Michel!

— Je ne vous le fais pas dire.

Nous rions.

Selon le docteur Allard, les centenaires savent rire, aussi. L'humour : excellent facteur de conservation. Il faut savoir s'amuser d'une distanciation sur soi et les autres.

— C'était le cas de Jeanne Calment, ajoute le docteur Allard, que j'ai bien connue.

— Moi aussi, je suis allé la visiter, à Arles, à titre privé, sans caméras. Je voulais déjà savoir comment on faisait pour vivre centenaire.

192

C'est grave, docteur ? (2)

— Vous avez vraiment de la suite dans les idées.

— Je suis obsessionnel, je vous l'ai dit.

— Et alors ?

— J'ai été déçu. Elle était dans un lit, un peu rabougrie. À vrai dire, cette visite ne m'a pas enthousiasmé.

— Vous vous attendiez à quoi, à une nymphette ? Jeanne était vive, pourtant.

— Vous trouvez ? Elle était proche de l'état liquide, non ?

— Pas du tout ! Un sacré caractère, au contraire. Très alerte, acide même.

— Oui, une vraie Tatie Danielle…

— Mais il n'est d'ailleurs pas exclu qu'un tempérament bien trempé et même une certaine méchanceté soient des facteurs de longévité, à condition de maintenir un fond de gaieté.

— J'en demande trop, je suis trop exigeant. Disons que madame Calment n'était peut-être pas dans un bon jour… Bon, je vais me mettre à la méchanceté.

Le docteur Allard me regarde.

— Si je peux me permettre, êtes-vous heureux, Michel ?

Voilà une question à laquelle j'hésite toujours à répondre, sachant combien ma famille n'était pas douée pour le bonheur. Allard ne laisse pas le silence s'éterniser.

193

— C'est banal, mais atteindre une certaine harmonie, qu'on peut appeler le bonheur, s'avère encore le meilleur moyen de rester de ce monde, puisqu'on l'aime.

— Je l'aime infiniment.

— Heureusement, vous me semblez avoir dans la tête une coccinelle plutôt qu'une araignée ! C'est bon signe, ça.

— Mais qu'est-ce que cela veut dire ?

— Qu'apparemment, à voir votre visage et votre sourire, vous cultivez une certaine propension au bonheur, vous semblez heureux malgré cette angoisse. Et le bonheur aide à vivre bien, longtemps. Il y a un lien entre bonheur et longévité. C'est mon nouvel axe de recherche chez les centenaires.

— Dites, nous n'avons pas commandé, on prend les trois radis avec la chiffonnade de salade, comme la dernière fois ?

— Va pour la chiffonnade. L'habitude est mère d'harmonie, à condition…

— De ne pas s'encroûter, merci, j'ai compris, docteur.

Nous continuons de discuter en déjeunant. À entendre le docteur Allard, les vieux n'ont jamais eu la cote. Contrairement aux idées reçues, les siècles précédents ne les traitaient pas forcément mieux que nous ne le faisons de nos jours, au contraire. Au Moyen Âge, sous l'Ancien Régime,

194

du XVIIIe jusqu'au début du XIXe siècle, ceux qui entraient dans le grand âge sans ressources, sans patrimoine, représentaient une bouche supplémentaire à nourrir, leurs propres familles n'assumaient pas toujours cette charge. Nombreux étaient ceux qui sombraient dans la mendicité, la charité, n'ayant pas toujours la chance de trouver refuge dans un hospice. Des femmes âgées, isolées et souffrantes, ont inspiré l'image des sorcières, vieilles maléfiques hantant la nuit des temps. Des peintres célèbres ont représenté ces asiles dantesques où erraient des vieillards dont on attendait la fin pour ne plus avoir à les nourrir. Michel Allard me parle d'un film, *La Ballade de Narayama* où la grand-mère japonaise se sent inutile, une bouche de trop à nourrir, et oblige son fils à l'emmener sur son dos au sommet de la montagne, selon la tradition, pour y mourir.

Je me demande si je regarderai ce film, il n'a pas l'air de donner la pêche. À entendre Allard, je comprends que les plus de soixante-cinq ans ont subi une grande violence, une somme d'injustices à travers les siècles qu'on ne commémore même pas. L'âge fait toujours aussi peur. L'heure est venue d'améliorer son sort, de faire peau neuve. Quand je dis que je m'informe sur le troisième âge (je devrais dire le troisième acte, comme Jane Fonda), ce n'est pas qu'un hobby, c'est devenu pour moi une cause à défendre. Et il faudra passer bientôt au quatrième acte, des quatre-vingts ans et plus.

Concernant la vitalité, la longévité, l'homme névrosé que je suis et le bon médecin qu'est le docteur Allard tombent d'accord sur l'essentiel : tant qu'on se sent en capacité d'entreprendre et d'incarner un ou plusieurs projets, on peut vivre. Le voilà, le premier secret de la longévité. Avec le goût des autres. Tout le reste semble à la fois important et annexe. Quel meilleur synonyme d'avenir qu'un projet?

J'ai passé mon brevet de pilote d'avion ; aujourd'hui, tout seul, en candidat libre, je m'apprête à passer mon brevet de vieux : je veux devenir expert en catégorie senior, incollable. Car il est urgent de renverser les a priori méprisants et négatifs. Y en a marre.

Le grand âge signifierait la dépendance, le chaos, la misère physique ? Pas du tout, 83 % des octogénaires sont autonomes, 84 % d'entre eux vivent à leur domicile. On a donc tort de voir dans le grand âge un repoussoir. L'espérance de vie s'accroît, de plus en plus vite, au point que l'allongement de cette durée constitue un phénomène sans précédent dans l'histoire de l'humanité. C'est la vérité dans tous les pays, quel que soit leur niveau de richesse. En 1990, l'espérance de vie était de 74,1 ans. En 2015, elle est passée à 82,6, soit presque huit années supplémentaires en un quart de siècle. Les seniors ne cessent d'augmenter, de se maintenir en meilleure forme ; en 2050, en France, ils représenteront 31,9 % de la population, soit vingt-deux millions de personnes. Je ne suis pas un cas à part, j'illustre une tendance, une généralité. Je suis « dans le mouv' », comme dit ma petite-fille Rebecca. En 2060, l'espérance de vie des hommes sera de 86 ans pour 91 chez les femmes, la différence entre hommes et femmes continuera de se réduire.

Presque un tiers de la population, pas sénile, restera donc prêt à participer à la société. On en fait quoi, on en dit quoi ? Tous ces gens ne veulent plus subir, mais continuer d'avoir des projets, d'être attirants et d'entreprendre. Il faudra bien évoluer par des réformes, de nouvelles structures, changer les mentalités pour garder vingt-deux millions de seniors dans notre société plutôt que relégués en cohorte de has-been inutiles de l'autre côté d'un périphérique générationnel. En écrivant ce livre, je prends la mesure de l'étendue d'une révolution. Le bien-vieillir est l'enjeu de demain et j'en serai, j'en suis déjà.

Vivement Sacrée Soirée !

Aujourd'hui peut-être, Fernand et Michel Sardou

Devant ma maison y a un pin terrible
Dont la grosse branche pourrait bien tomber
Sur mon pauvre toit quelle belle cible
Cette branche-là, je vais la couper.

Aujourd'hui peut-être ou alors demain
Ce sacré soleil me donne la flemme
Je la couperai… p'têt' après-demain
Et si je peux pas la couper moi-même
Je demanderai à l'ami Tonin
Qui la coupera aussi bien lui-même
Ce n'est pas qu'on soit fainéant par ici
Mais il fait si chaud dans notre Midi.

De l'autre côté du fleuve Télévision, sur la première chaîne privée d'Europe, où j'ai fait moi-même un petit bout de chemin, se trouve un confrère qui est un peu mon jumeau professionnel, mon cadet de quelques années. Lui aussi a accompli une longue route, par tous les temps. Lui aussi a été menacé, prié de rajeunir, de se relooker, de trouver tous les moyens de rester jeune. Lui aussi est sorti de certains rendez-vous avec l'état-major de sa chaîne inquiet et meurtri, doutant de tout, surtout de lui-même. C'est même ce qui nous a rapprochés, un jour.

Ce jour-là, à la sortie de la projection d'un film où jouaient des acteurs que nous devions recevoir dans nos émissions respectives, Jean-Pierre Foucault n'avait pas une bonne tête – dans nos métiers, nous apprenons à lire sous le masque.

— Ça va, Jean-Pierre ?

— Ça va moyen. On vient de me faire comprendre que « Sacrée Soirée » était menacée, et surtout son présentateur...

J'ignorais si Jean-Pierre est doué ou non pour le bonheur, mais en apparence, il en avait tout l'air. Un homme équilibré, jovial, solide, grand pro polyvalent à la radio comme à la télé, la bonne école à l'ancienne, presque la même que la mienne. Mais après avoir lu son livre de mémoires, comme souvent, en découvrant comment s'est forgé un caractère, son enfance et ses secrets, j'ai compris que pour lui non plus la sérénité n'était pas une évidence. Peut-être ne l'est-elle pour personne. Sa mère Paula, juive polonaise, a vu une partie de sa famille déportée à Dachau. Son père Marcel, Juste parmi les nations dont le nom figure au mémorial de la Shoah Yad Vashem à Jérusalem a été assassiné en pleine rue à la fin de la guerre d'Algérie, sans qu'on ait jamais su pourquoi.

Ce jour-là, Jean-Pierre Foucault était manifestement secoué.

— Ils veulent un mec plus jeune, a-t-il ajouté, d'un sinistre ton fataliste.

— Ah, j'ai connu ça aussi.

Sur une chaîne privée, le public est roi, c'est donc via un panel d'une centaine de téléspectateurs que la faux avait rattrapé mon confrère. Son émission obtenait de très bons scores, ne se sentant pas menacé, il était d'autant plus groggy – comme je l'avais été.

Assis dans une salle du siège de TF1, en vase clos, le «panel», une centaine de téléspectateurs, donc, parmi lesquels une majorité de téléspectatrices, de fil en aiguille, avaient trouvé Jean-Pierre… Comment dire… À y réfléchir… Sympathique, bien sûr, et très professionnel, certainement. Mais aussi, trop coiffé et un peu enveloppé. Et son blazer commençait à être démodé. Il date un peu, non, comme animateur? On sentait le ventilateur de plateau diffuser une fraîcheur artificielle sur sa silhouette bien connue. C'est que Foucault faisait partie des murs, qu'on l'avait vu et revu, depuis combien de temps déjà? Un sacré bail. Pour finir, 20 % des femmes présentes, piquées à ce jeu où la critique se transforme vite en jugement et le jugement en tribunal, avaient même supposé qu'il avait les mains moites. Voilà, Jean-Pierre Foucault avait les mains moites. Et un animateur qui avait les mains moites passait mal auprès de la gente féminine. Ça ne s'invente pas.

Le sang des décideurs n'en fit qu'un tour, mieux vaut prévenir que guérir, cet adage est dans la fonction, à la conception des programmes. À eux d'anticiper le déclin, la chute, de garantir et renouveler l'offre, les marques – c'est-à-dire les hommes, aussi. Jean-Pierre m'a raconté ce coup dur sincèrement, tel qu'il l'éprouvait, entre coup au cœur et à l'estomac. Un choc frontal, sans airbag, qui peut vous transformer en une ombre et donner effectivement les mains moites. Je me suis senti solidaire de cette passe difficile, honoré que Jean-Pierre me la confie. Au fond, «Sacrée Soirée» était à la chaîne privée ce que «Champs-Élysées» avait été au service public. Des émissions de variétés transgénérationnelles, une manière de réunir un vaste public familial pour passer quelques heures agréables en prime time. Ces paquebots ont bien rempli leur mission en entrant dans les annales du petit écran.

Nous nous sommes séparés chaleureusement. Sa carrière a cependant perduré sur TF1, comme la mienne sur France 2. Lui et moi sommes passés à travers les grosses gouttes de la sanction, à la fois aimés et moqués de savoir durer, de pouvoir renvoyer au public autre chose qu'un monde qui change brutalement, transformant les êtres en formats où le moindre mot est calibré, et les saisons en mayonnaises éphémères. Tous les deux savions ce qu'il en coûte, en coulisses, lorsqu'on rumine une inquiétude, accusé de ringardise entre deux ventilateurs, en vérifiant si par malheur nous n'aurions pas les mains moites. Il faut être solide, dans ces heures-là, juste avant l'antenne, comme si de rien, pour s'accrocher un sourire dans une ambiance magiquement détendue.

Nous avons gardé le souvenir de nos confidences tourmentées, que la presse n'a pas évoquées. Ces difficultés-là se déroulent loin des regards, au fond de bureaux aseptisés. On n'en parle pas. Certains ne le disent même pas à leurs proches ni à leurs équipes tant ils en sont ébranlés.

Jean-Pierre s'en est remis, moi aussi. Il a traversé l'orage, sans l'oublier. Il a surveillé sa silhouette, changé de vestiaire et peut-être de styliste, pris une certaine distance… Chacun ses armes pour la lutte finale. « Sacrée Soirée » a cessé comme a disparu « Champs-Élysées », toute chose a une fin – nous sommes d'accord. Cependant, Foucault est resté. Avec son producteur Gérard Louvin, il a proposé « Les années tubes », qui ont marché du feu de Dieu. L'audience, plus encore aujourd'hui qu'hier, reste le nerf de la guerre. Oubliés, les ventilos, le coup de vieux, la suspicion et les mains moites. Ce qui décolle et rapporte beaucoup, on n'y touche pas, pour le moment…

Après « Les années tubes » est arrivé « Qui veut gagner des millions ? », bâton de maréchal, la case phare, une légende de l'audiovisuel, qui en général vaut à un gimmick d'antenne de passer dans le langage courant. Qui ne connaît pas :

— C'est votre dernier mot, Michel ?

De mon côté, de « Studio Gabriel » à « Vivement dimanche », j'ai l'honneur de laisser la petite trace d'une expression d'excuse :

— Jean-Pierre, si tu nous regardes…

Jean-Pierre et moi pourrions en faire nos épitaphes.

Il a tenu le cap, dans la maison concurrente. Chacun sur notre route, nous sommes devenus une paire de dinosaures de soixante-dix et soixante-seize ans, des survivants, des rescapés, des vestiges souriants. Nous savons que nos malheurs ne sont pas grand-chose en comparaison de bien d'autres, mais la lucidité n'empêche pas de souffrir quand ça fait mal. Je ne l'imaginais pas, je ne l'imaginais plus, s'arrêter. Nous étions trop semblables. Un beau jour, pourtant, voilà deux ans, Jean-Pierre Foucault a décidé de prendre une semi-retraite. Terminus. De son propre chef, sans qu'on lui indique la sortie. Ça m'en a bouché un coin. Comment ce frère de carrière pouvait-il renoncer à une activité que je ne parviendrai jamais à lâcher ? Je le fais sourire, lui aussi, autant que le bon docteur Allard, avec mon acharnement préhistorique.

Pour en avoir le cœur net, je suis allé le visiter dans sa retraite, chez lui, l'été dernier, au sud, à Carry-le-Rouet, vers ce Marseille et ces calanques qu'il aime autant que moi les Alpilles. En tête à tête, copains comme nous le sommes, je saurais la vérité. Il allait m'accueillir avec un charme estival, en bermuda et mocassins, mais au bout d'une heure, d'un silence, d'un regard, malgré la grande bleue et la douceur du farniente, je percevrais l'angoisse du désœuvré, sans rendez-vous. Un homme qui ne compte plus que pour lui-même, désactivé.

Je m'attendais à devoir le soutenir après les compliments d'usage.

À mon grand étonnement, ce ne fut pas le cas. Le déjeuner a été merveilleux, je m'en souviens encore. Tout y était délicieux : son épouse Évelyne – sa Dany –, le cadre, la cuisine, la table, les invités, la conversation, et enfin l'humeur et l'humour de Jean-Pierre, radieux. Nous n'avons pas parlé métier, puisqu'il y avait renoncé. Au chant des cigales et au goût du vin rosé, j'ai ressenti un bien-être dont beaucoup affirment qu'il est la vraie vie. Mon voisin de table était un haut gradé de la gendarmerie qui, connaissant ma passion pour l'hélicoptère, m'invita à survoler les Alpes. Il y avait également un couple charmant, amis de toujours de Jean-Pierre, un monsieur féru de cylindrées d'antan, comme notre hôte. Le temps était divin, la vue éblouissante, la brise à la fois chaude et légère. Je dîne rarement chez des confrères, pas plus que je ne prends le temps de rester longtemps à table ; j'aurais pourtant aimé que ce déjeuner dure tout l'après-midi.

Après le café, Jean-Pierre n'a trahi aucun signe de dépression, ayant l'air de ce qu'il était : serein. Mais peut-être était-ce l'état de grâce qui préside au début. J'en suis revenu troublé. Pourquoi lui et pas moi ? Pourquoi je ne peux pas ? Pourquoi je ne peux pas écouter Dany, qui m'incite à faire de même : raccrocher. Une question en amenant une autre, j'ai gambergé, non pas à toutes les façons de débrancher, mais à celle-ci : pourquoi en suis-je incapable ?

Quelques réponses sont venues.

Je mène la même existence depuis cinquante ans, en compagnie presque exclusive d'hommes et de femmes célèbres. Je suis né socialement avec eux. Je les ai vus, je les vois, je les revois, je les verrai encore. Nous sommes liés par une forte interdépendance. Avec le temps et ce qu'il faut bien appeler une position, ils ont autant besoin de moi que l'inverse – mais ce sont eux les artistes, pas moi. Un système de masques et d'intérêts. Si cet univers n'empêche pas les affections et les admirations, les relations y sont toujours biaisées, soumises à des enjeux, du narcissisme. Dates de sortie, rendez-vous promotionnels, bon profil, bonne question. Ce ne sont pas des relations détendues, claires, libres, normales. Il faut sans cesse veiller, prendre soin, faire attention. Les raisons de brouilles sont innombrables et constituent autant d'écueils à éviter. On ne peut pas devenir ami avec une star. On ne peut même pas devenir vraiment ami avec une personnalité, parce que la gloire comme la notoriété vous poussent à n'entretenir de lien profond qu'avec vous-même et votre public. À vous soucier, en maniaque, de vos challenges successifs, condition impérieuse pour rester dans la course. J'ai consacré moi aussi une grande partie de mon temps aux obsessions de l'ego-système, dont j'ai fini par faire partie. Le bilan est contrasté. Je me sens quelquefois enfermé dans une existence de faux-semblants, à donner le change constamment. Par exemple, je ne crois pas que je puisse monter un déjeuner comme celui de Jean-Pierre. Je reçois, de temps en temps, des gens du métier, des hommes de pouvoir, des confrères journalistes ; entre nous, nous ne faisons que parler boutique, programmes, opinion, potins médiatiques et médisants. Depuis combien de temps Dany et moi n'avons-nous pas invité quelqu'un qui ne soit ni célèbre ni du sérail ? J'en suis presque effrayé si j'y pense. C'est cela aussi vieillir, rester entre soi, la tête dans le guidon. À force de n'avoir couvert qu'une seule route, je ne sais plus comment changer de direction. Je n'ai pas d'autre choix que de continuer, faute de savoir où aller.

Jean-Pierre Foucault me donne un exemple bienheureux mais difficile à suivre, avec ses passions pour la moto, les automobiles anciennes, les voyages, la bonne bouffe… Ses voisins sont des anonymes. Moi, l'un de mes derniers voisins en date en Provence s'appelle Hugh Grant. Ça fait parler, dans le village. Un vieil Eygaliérois compagnon de vélo m'a dit l'autre jour : «Eh Michel, tu savais que le fils de Cary Grant avé acheté une maison au village?» Je ne crois pas que Hugh Grant, que j'apprécie par ailleurs beaucoup, aussi sympathique à la ville qu'à l'écran, puisse devenir ce que l'on appelle un ami. Une exception à la règle : Charles Aznavour, mon maître et lui aussi mon voisin.

C'est tellement vrai qu'à chaque début de vacances, aux environs des 6 ou 7 juillet, je constate le même phénomène : un silence, mon téléphone s'arrête. Je le tripote, je me demande s'il n'est pas en panne ou en mode silencieux. Non, il ne sonne plus. Normal, je n'ai plus d'émission, il n'y a donc plus rien à me proposer, à vérifier, à caler. Je ne sers plus personne sans «Vivement dimanche». Et donc, personne ne m'appelle. Chacun retrouve sa vie et moi j'ai l'impression d'être tout seul, en roue libre. Jean-Pierre, lui, non seulement il collectionne les voitures mais il les bricole, les répare, comme un garagiste. Il préfère aujourd'hui avoir la tête dans un capot que dans le guidon et une clef à molette à la main plutôt qu'un micro. C'est fou. C'est inconcevable. Moi, je ne sais même pas si nous avons une boîte à outils.

En dehors de ce qui me maintient en forme, je n'ai qu'un hobby, l'aviation – être addict à son boulot n'aide pas à prendre sa retraite. La seule chose qui me rassure, c'est qu'après avoir tiré ma révérence, je trouverai dans mes échanges avec le public le réconfort à travers nos souvenirs communs. Mais se rappellera-t-il de moi aussi longtemps que je me souviendrai de lui?

Après ce déjeuner chez les Foucault, je suis passé au-dessus de leur maison en avion – j'ai prévenu Jean-Pierre pour que nous nous fassions un signe. Il est sorti, j'ai piqué en rase-mottes, ce que je ne fais jamais à cause du bruit qui dérange les riverains. En le voyant sur sa terrasse, au bord de sa belle maison, j'ai pensé : voilà un homme de soixante-dix ans heureux, libéré.

Apprendre à faire de même sera le dernier défi de mon parcours, mais plus tard, d'ici deux ans… voire dix.

Depuis, je garde Jean-Pierre Foucault à l'œil. Je guette une faiblesse, une nostalgie, un regret, en lui téléphonant de temps en temps. Je l'observe, puisqu'après avoir partagé les plateaux, il a sauté le dernier pas avant moi.

— Alors, Jean-Pierre, la pêche ?

— Oh, formidable ! Je viens de rentrer de Californie où comme Johnny j'ai fait la fameuse Route 66 à moto, et je prépare un tour de Corse. Je suis aussi allé à Tahiti il n'y a pas longtemps. Je n'ai rien vécu de plus beau.

Pour un peu, j'en serais jaloux. Mais je reste perplexe.

Il n'a pas complètement rompu avec la télévision, conservant la présentation des Miss France et du Loto. Sinon, le repos, les loisirs, le goût des voyages priment désormais après un demi-siècle de frénésie.

— Tu vas bien, Jean-Pierre?... Qu'est-ce que tu fais?

— Très bien, merci. Là, je bricolais...

Ça me paraît étrange, inexplicable, quelqu'un qui bricole.

— Ça va, t'es sûr?

— Si je te le dis...

— Tu m'intrigues... Moi je suis accro et toi, vraiment, la télé, c'est terminé? Et ça ne te manque pas? Je me pose des questions...

— Michel, quoi? Nous avons fait le principal. La Provence, tu la connais, c'est un paradis. L'époque change, toi et moi sommes à l'abri, nous avons réussi, sans soucis matériels, c'est déjà beaucoup. J'ai préféré prendre les devants avant qu'on me le demande et franchement, je n'ai aucun regret. Au contraire, je pense que j'aurais dû partir avant, j'ai perdu deux ans...

Il ne triche pas. Plus le temps passe, plus il est heureux. C'est incroyable.

— Et tu vois toujours tes copains?

— Oui, bien sûr...

Du coup, maintenant, c'est Jean-Pierre qui m'appelle, de temps à autre, pour prendre de mes nouvelles. Il a entendu parler de mes tensions avec la chaîne à l'heure de signer mon contrat de rentrée.

— Michel, enfin, pourquoi tu ne décroches pas?!

— Ah… c'est compliqué.

— Ce n'est jamais simple une importante décision à prendre.

— Je ne suis plus à l'antenne pendant presque deux mois et tout le monde m'a oublié, plus personne ne me téléphone.

— Mais non, regarde, moi, je t'appelle.

— Non, tu rappelles, je t'ai appelé hier. De toute façon, toi, ce n'est pas pareil, tu ne regardes plus la télé.

— Un peu quand même.

— Mais tu ne regardes plus le blog de Morandini, ni BFM en boucle?

— Non, je ne la regarde plus parce que je ne la reconnais plus. Ce n'est plus le même monde, je t'assure. Ce que nous avons connu est révolu. Viens passer quelques jours à la maison…

— Mais tu n'as pas la télé!

— Je n'en ai pas dans chaque pièce comme toi, mais celle du salon fonctionne très bien.

— Et dans la salle de bains?

— Non, malheureusement. Je vais voir si je peux…

— Et tu ne reçois pas non plus toute la presse médias…

— J'irai te chercher ça à la Maison de la Presse, chaque matin. Viens passer quelques jours ici avec Dany…

214

— Dany s'occupe de nos animaux. Elle se préfère à la maison et puis j'attends les épreuves de mon nouveau livre, je prépare mon prochain spectacle aussi, et je dois caler la rentrée de «Vivement dimanche».

Ce sera pour une autre fois, plus tard. Nous raccrochons et je gamberge. J'ai cru percevoir une pointe de nostalgie silencieuse chez Jean-Pierre quand j'ai évoqué ma rentrée. J'ai une idée. Les seniors en ont encore, des idées, à la pelle, même si la société ne les entend pas. Je vais préparer mes arguments pour rappeler Jean-Pierre, cet automne, quand le temps deviendra plus gris, que la grande bleue sera moins bleue. Je vais lui faire le coup du revenez-y. S'il ne bouge pas, c'est peut-être à moi de le faire bouger.

Je prends mon vélo, je vais monter aux Baux-de-Provence. Dany me dit qu'avec cette canicule, ce n'est pas prudent, mais j'ai un casque et je pense mieux à vélo. J'ai l'impression que mes jambes propulsent l'énergie à mon cerveau. Je ne peux pas réfléchir couché, dès que je m'allonge, je m'endors. Si j'ai trop chaud, je m'arrêterai remplir ma gourde chez quelqu'un, une célébrité évidemment, je ne connais presque que des vedettes dans les Alpilles, derrière leurs beaux mas cachés. Ou peut-être, pour une fois, m'arrêterai-je à un café de Maussane, pas loin de papa.

Il faut du temps pour rester jeune

Cet automne, je vais rappeler Jean-Pierre. Je m'y prépare. Le soleil cogne. Fait chaud. L'effort est bon. Je vais grimper cent mètres de cette pente avant de déclencher le moteur que j'accompagnerai d'un bon coup de pédale. Je n'ai pas honte de l'avouer, c'est mon cardiologue qui m'a fermement recommandé le vélo électrique, les efforts trop intenses n'étant plus conseillés. Et je n'aime pas dire non, encore moins à un médecin. D'ailleurs, j'adore ce vélo. C'est mon ami. Ni vu ni connu, dans mon cuissard style tour de France, avec le casque, j'ai l'air d'un jeune vacancier intrépide. Un corniaud solitaire en plein cagnard.

J'ai besoin de réfléchir, de convaincre Jean-Pierre Foucault.

Dis donc, Jean-Pierre, tu ne voudrais pas te lancer avec moi dans les papys font de la résistance ? Une soirée, plusieurs même… que nous co-animerions. Ça te tente pas ? Oui, toi et moi, en vieux de la vieille. On rappellerait toutes les stars d'hier, les tombés du train et les monuments pour un grand show du samedi soir avec des rideaux rouges et un orchestre genre Ray Ventura et ses collégiens. « Populaire et digne », comme disait Pierre Desgraupes. Et « chic », comme disait ma productrice Michèle Arnaud dans les années 1960. Un revival assumé. Tu ressors ta veste un peu large d'épaules, moi ma bombe de laque, on branchera

216

la clim à fond, on se payera deux maquilleuses chacun, un shoot pour le grand soir.

Pourquoi pas, dis, Jean-Pierre ?

Je l'attaque facile, ce col, même pas chaud. Je suis heureux, j'ai un projet insensé, les mains fermes sur mon guidon, le mollet vif, le souffle long. Dans le mistral, j'entends à peine ronronner le moteur de soutien. Je les prends quand ils veulent, Delphine Ernotte et Takis Candilis, sur la route des Baux. « Qu'ils viennent me chercher ! », comme a déclaré Macron – bon, c'est peut-être pas ce qu'il a dit de mieux.

Hein, Jean-Pierre, qu'est-ce que t'en dis ? T'as encore envie, ne me réponds pas non, je le sais. Ça doit bien te taquiner encore au fond de toi, on n'oublie pas comme ça un demi-siècle de plateaux dans le maquis corse ou en bidouillant le vieux moteur d'une traction avant. Ne me la fais pas à moi. Notre moteur à nous, il tourne impec, alors pourquoi lâcher la rampe, hein ?

Je vais trouver des sponsors, ça ne manque pas, les prothèses Audika, une convention obsèques ou la Caisse d'épargne, les publicitaires vont se battre au portillon, le Petit Écureuil et Alain Afflelou, les croisières Costa, nous n'aurons aucune limite de budget, j'en suis certain, sans que ça coûte un euro au service public étouffé par les économies draconiennes. Nous nous habillerons en noir parce que ça mincit, avec une pochette rouge, pareil, en tandem. *Tandem,* le film de Patrice Leconte avec l'inoubliable Jean Rochefort et Gérard Jugnot, tu l'as vu? La pochette sera notre nez rouge, un zeste d'autodérision tonique. Y a plus que des vieux qui regardent la télé, alors on va faire un carton. Je vais en parler à la chaîne, nous commencerons avec trois soirées par an, mais nous passerons vite mensuels, le grand rendez-vous, dix fois l'an. Avec une spéciale Noël avec Mireille Mathieu et les Petits Chanteurs à la croix de bois, il doit bien en rester quelques-uns, on les mettra devant les sapins... Et une spéciale réveillon avec les (derniers) Compagnons de la chanson. Adamo chantera « Laisse tes mains sur mes hanches », c'est notre ami, il ne nous dira pas non.

Je suis à quoi... trois cents mètres du sommet de cette côte qui n'en finit pas et je me sens pousser des ailes à la cuisse.

Qu'est-ce que t'en dis, Jean-Pierre? Tu rigoles, mais oui, on va bien rigoler. Et tu sais ce qui va se passer, toi et moi allons ouvrir un monde neuf. On va s'éclater, tout le monde va s'éclater, on va remonter les horloges, en liberté, uniquement avec des chansons qu'on aime, qu'on connaît par cœur sans les avoir apprises et juste deux, trois jeunes qui feront tapisserie. On leur demandera uniquement des reprises, de Brel, Barbara, Ferré,

Brassens et Ferrat, tous ceux qu'on a connus et tant aimés. On va rouvrir les carnets de chansons. On va faire un tabac avec du vieux, et des vieux, nous ferons des stars. Tout va s'inverser. Faut bien se préparer. Réunir ton staff et le mien. Rappeler toutes les équipes. Ça s'appellera «Vivement Sacrée Soirée». L'élection de Miss France deviendra l'élection de Miss Centenaires, et c'est toi qui la présenteras. Évidemment. Et tu sais ce qui va se passer, après quelques émissions à ce train-là, on va déclencher une vague, une mode : la Mode Vieille. Oui, la mode vieille, le top du top, un must. Tout le monde en voudra.

Ouh... Ça chauffe quand même, je sens la route brûler, faut se donner, même avec le moteur. Je vais peut-être pas arriver au sommet des Baux. Dany avait encore raison, c'est canicule.

La mode vieille, le revival absolu. Nous rappellerons les speakerines, y en aura entre chaque programme pour maintenir du lien. Yvette Horner et André Verchuren seront remixés par David Guetta, le DJ septuagénaire. Fini Ibiza, retour des guinguettes, les filles se coifferont comme Simone Signoret dans *Casque d'or*, les bals du bord de Marne rallumeront les lampions de Jean Renoir. La mode des Années folles reviendra en force. Booba et Maître Gims interpréteront du Jean Sablon et du

André Claveau – ce sera plus cool. Et Dalida en version rap. Au clou, les Porsche, les 4 × 4 ultra polluants, fini le bling-bling, les joints, la coke, vive la bière, le retour du Solex et les fêtes à Neuneu – mais nous mangerons des légumes bio. Tu pourras sortir tes vieilles voitures de collection, des designers rééditeront des modèles de Panhard et Delahaye. On ne s'enverra plus de textos, on s'écrira longuement en collant des timbres sur les enveloppes. La Poste relancera les télégrammes. On fera du Minitel rose. Nos téléspectateurs déserteront les réseaux sociaux, remplacés par les cancans des villages, pour aller retrouver la jeunesse au bord des fleuves. Pour les grandes occasions, nous présenterons à quatre avec Denise Fabre et Danièle Gilbert. Et même, Jean-Pierre, nous tournerons en noir et blanc ! C'est si beau le noir et blanc. Je suis au sommet, au sommet, j'ai jamais gravi cette côte si facilement. Les grands platanes s'écartent et les cigales chantent. C'est aussi beau que la Corse, je te jure, même si la sueur m'aveugle.

Allô, tu m'entends, Jean-Pierre ? Oui, moi aussi, je deviens un peu dur de la feuille. Dany me le dit. Mais on poussera la sono, on aura des prompteurs gigantesques avec des lettres géantes, et on portera des oreillettes dernier cri, je vais enfin accepter d'en mettre une mais je dirai ce que je veux, quand même, on s'en fout, allez, allô, allô, Jean-Pierre… T'es là, tu m'écoutes ?

Une si longue absence

Nuit et Brouillard, Jean Ferrat

Ils étaient vingt et cent, ils étaient des milliers
Nus et maigres, tremblants, dans ces wagons plombés
Qui déchiraient la nuit de leurs ongles battants
Ils étaient des milliers, ils étaient vingt et cent
Ils se croyaient des hommes, n'étaient plus que des nombres
Depuis longtemps leurs dés avaient été jetés
Dès que la main retombe il ne reste qu'une ombre
Ils ne devaient jamais plus revoir un été
La fuite monotone et sans hâte du temps
Survivre encore un jour, une heure, obstinément
Combien de tours de roues, d'arrêts et de départs
Qui n'en finissent pas de distiller l'espoir
Ils s'appelaient Jean-Pierre, Natacha ou Samuel
Certains priaient Jésus, Jéhovah ou Vichnou
D'autres ne priaient pas, mais qu'importe le ciel
Ils voulaient simplement ne plus vivre à genoux
Ils n'arrivaient pas tous à la fin du voyage

Il faut du temps pour rester jeune

Ceux qui sont revenus peuvent-ils être heureux
Ils essaient d'oublier, étonnés qu'à leur âge
Les veines de leurs bras soient devenues si bleues
Les Allemands guettaient du haut des miradors
La lune se taisait comme vous vous taisiez
En regardant au loin, en regardant dehors
Votre chair était tendre à leurs chiens policiers
On me dit à présent que ces mots n'ont plus cours
Qu'il vaut mieux ne chanter que des chansons d'amour
Que le sang sèche vite en entrant dans l'histoire
Et qu'il ne sert à rien de prendre une guitare
Mais qui donc est de taille à pouvoir m'arrêter ?
L'ombre s'est faite humaine, aujourd'hui c'est l'été
Je twisterais les mots s'il fallait les twister
Pour qu'un jour les enfants sachent qui vous étiez
Vous étiez vingt et cent, vous étiez des milliers
Nus et maigres, tremblants, dans ces wagons plombés
Qui déchiriez la nuit de vos ongles battants
Vous étiez des milliers, vous étiez vingt et cent.

J'appréhendais ce voyage – j'appréhende tout ce qui est hors de mon contrôle. Lorsque je ne peux pas anticiper un événement, l'angoisse se manifeste. C'était déjà ma nature à vingt ans et comme je ne contrôlais rien, tout m'inquiétait. On ne change pas avec les années, on se reconnaît. Israël n'est pas une destination quelconque, si on est juif. En vieillissant, je me suis de plus en plus attaché à mes origines ashkénazes, même si nous n'avons pas été élevés dans la religion, ni même la tradition, par un père laïque et républicain. Puisque l'étoile jaune a anéanti six millions d'êtres humains, Abraham Drucker ne nous a pas éduqués en enfants juifs. Au cas où, sait-on jamais, les cendres de la Shoah ne seraient pas tout à fait éteintes. Afin de nous préserver, il a fait de Jean, Michel et Jacques trois petits catholiques de Normandie, ayant communié, grandi au bon lait, au beurre et à l'andouille de Vire, loin des tragédies de l'histoire.

Malgré ce non-dit, mes origines sont revenues avec la maturité. S'il faut du temps pour rester jeune, c'est pour se trouver, réparer des oublis, éclairer des zones d'ombre.

Plus on avance en âge, plus la mémoire est belle, étrangement. C'est vrai et faux de dire qu'on oublie, des fragments du passé ancien resurgissent. On s'en souvient plus fort. Des instants enfouis qui semblaient oubliés, perdus, se manifestent tout à coup. Ça me prend parfois, comme des bouffées, comme des visions. Je revois mon père et ma mère, dans la cuisine, reprendre soudain pour des raisons qui m'échappaient leurs langues maternelles, quelques mots de yiddish ou l'allemand courant. S'entretenir entre eux, à des années-lumière de moi, de leurs existences d'avant dont ils ne nous disaient rien. Leurs disputes étaient souvent en allemand, et leurs conversations quand ils ne voulaient pas que leurs fils comprennent. C'était la langue de leur jeunesse secrète, faite de douleur muette. Le temps d'avant, de la guerre, de l'Occupation, de la chasse aux «youpins». Mon père dénoncé, ma mère enceinte de moi, arrêtée par un officier nazi sur un quai de la gare de Rennes et qui fut sauvée à la fois par les Martel, des fermiers de Vire, et la famille Le Lay.

J'allais venir au monde dans cet exode.

On croit mille choses oubliées mais si on se retourne derrière soi, des mots, des sons, des parfums vibrent à nouveau. En même temps que le visage de mes parents devient presque flou, que je dois me concentrer pour revoir précisément leurs traits parmi mes souvenirs, parfois, une image tout entière me revient, un instant, dans la maison de Vire place de la Gare. Je retrouve notre cour où trottinaient des rats qu'un ami de mon père tirait à la carabine, l'escalier ciré, l'armoire normande... La blouse roumaine de maman m'apparaît, la vieille sacoche de médecin posée dans un coin, avec l'appareil à tension et le stéthoscope de papa, objets fétiches que je porte sur la scène de mon spectacle. L'odeur de médicament du cabinet médical m'envahit et je les entends baragouiner quelques mots de yiddish. C'était bien de l'hébreu pour moi, comme on dit, mais je suis certain que la naissance et le destin d'Israël, fondé en 1948, les concernait. Comme l'Autriche, la Roumanie, l'Ukraine, les pogroms, l'Europe de l'Est, le peuple juif et la nation juive étaient présents chez nous, auréolés de mystère. Quelques membres de notre famille s'étaient installés au Proche-Orient. Les lettres et les cartes postales qui arrivaient de cette lointaine contrée me fascinaient. Je ne me souviens plus des paysages mais je revois encore les timbres frappés d'un tampon et des caractères magiques d'un pays de soleil où les oranges poussaient aux arbres. Max, le frère de ma mère, sculpteur, avait immigré à Haïfa peu après la création d'Israël. La sœur de mon père, venue de Roumanie, s'y était installée aussi avec le cousin Martin. Mes parents les évoquaient parfois avec une gravité troublante, des accents d'inquiétude. Inquiétude dont je sais que je la porte encore. Une expression, digne d'un titre de roman d'aventures, m'est restée en mémoire : la guerre des Six-Jours.

Qu'est-ce que ça veut dire, une guerre de six jours ?

D'autres noms, aussi impressionnants que des formules magiques ou des héros de légende : «Ben Gourion», «kibboutz», «le Néguev», «Golda Meir»…

C'est comment, le désert ?

Depuis que j'ai été invité, voilà dix ans, à l'inauguration du Mémorial du camp de Royallieu, à Compiègne, site concentrationnaire des bords de l'Oise par lequel transitèrent cinquante-quatre mille personnes avant la «solution finale», je sais que je dois aller en Israël. J'ai écrit dans mon précédent livre que je me préparais à aller à Auschwitz, voyage que je n'ai toujours pas accompli. J'ajourne. Il me faut «laisser du temps au temps», comme disait François Mitterrand. Je sais qu'après, je n'aurai plus à me rendre nulle part en quête de mes origines. Après, je l'espère, être allé retrouver les tombes de mes grands-parents aux confins de la Roumanie et de l'Ukraine, Auschwitz sera le point

228

terminal, même si mon père y a échappé. Alors, je me donne encore un délai. Cette visite sera une souffrance. Michel Cymes, dont les grands-parents sont morts gazés là-bas, m'a prévenu : il y aura un avant et un après.

En revanche, je veux aller en Israël, ma fille Stéfanie en est revenue troublée et émue. Je veux connaître cette terre, vue, disons aperçue, en 2000, pour y interviewer Sylvester Stallone sur le tournage de *Rambo 3,* dans le désert. Rambo ne s'était pas changé pour l'enregistrement : lui en marcel noir, bandeau dans les cheveux, couvert de sueur, et moi bien peigné, en polo Lacoste rouge... Pour un voyage initiatique et un retour aux sources, on fait mieux. Le désert du Néguev, envahi par une superproduction hollywoodienne, était loin des Lieux saints.

Moi, l'Ashkénaze, j'ai plutôt entendu parler d'Israël par des Séfarades, les juifs de Méditerranée. Leurs discussions passionnées, leurs engueulades me rappellent avec tendresse mes dîners dominicaux autour des boulettes, des strudels et du bon caviar d'aubergines de ma mère, tandis que je restais silencieux, partagé entre ses arguments, plutôt sionistes, et ceux de Jean, plus nuancé. Comment se fait-il que la communauté séfarade, l'« africaine », soit aussi proche de l'État d'Israël et si militante, sans avoir connu l'Holocauste ? Peut-être parce que ce crime traumatise autant ceux qui ne l'ont pas vécu que ceux qui l'ont enduré en Europe de l'Est, victimes de la Shoah par balles à la fin des années 1930 ou de la solution finale à partir de 1941. Les Séfarades d'aujourd'hui en conservent une rage ; les Ashkénazes, plutôt un silence. Le mutisme de ceux qui sont revenus, sans mots. Comme mon père, hanté jusqu'à sa fin d'avoir échappé aux sinistres appels, aux convois qui quittaient jour après jour les camps de Drancy puis de Compiègne. Lui qui était juif, médecin et germanophone...

Un entrepreneur français qui réside en Israël veut se consacrer aux échanges culturels, il y convie des artistes, des personnalités. Il s'appelle Dan Lewkowicz. Âgé d'une cinquantaine d'années, en forme, il a réussi dans le luxe. Il est venu me rencontrer à Paris voilà environ un an :

— J'aimerais que vous veniez à Tel-Aviv, nous avons une grande communauté française, des téléspectateurs fidèles qui vous regardent chaque dimanche.

La suite n'était plus qu'une question de date. Nous avons donc pris date. Quatre jours. C'est peu et beaucoup, le temps est court, le temps est long quand on pense à tous les êtres, les témoignages, les panoramas que quatre jours me permettront de découvrir. Parfois, quelques secondes suffisent à se faire un souvenir. Je veux voir. Je jouerai mon spectacle dans un théâtre de Tel-Aviv – Beit Hachayal, la «maison du soldat» –, j'irai à Jérusalem, au Mémorial de Yad Vashem, sur les Lieux saints, le mur des Lamentations, le mont des Oliviers... Je n'ai émis qu'un souhait : visiter une base aérienne de Tsahal où les civils sont rarement admis. L'armée de l'air israélienne, dont dépend la sécurité du pays, passe pour une des plus pointues au monde. Et puis, j'ai une passion pour l'aéronautique. Être pilote d'hélicoptère et d'avion sont mes seuls diplômes.

Beaucoup m'ont dit : «Tu vas en Israël...» d'un ton lugubre, «ce n'est vraiment pas le moment», la décision de Trump de transférer l'ambassade des États-Unis à Jérusalem ravivant les plaies du Proche-Orient. «C'est même risqué, d'autant que tu ne passeras pas inaperçu.» Dès qu'une situation suscite la curiosité, l'information, la vision que l'opinion en perçoit devient caricaturale. Surtout si elle fait peur.

Effectivement, Israël n'est pas une destination ordinaire, la différence est flagrante dès l'aéroport. À Roissy, au comptoir d'El Al, l'agent le plus zélé, ouvrant mon passeport, aurait du mal à me soupçonner de vouloir aller poser une bombe sur un marché. On ne peut pas dire que les contrôles et les fouilles se soient acharnés sur moi. Pour l'équipe de tournage qui m'accompagnait, ce fut plus compliqué. Richard Valverde, mon réalisateur, et les techniciens chargés de filmer mon spectacle et qui tournent avec moi depuis deux ans n'ont pas eu ma chance.

Les formalités d'embarquement frisent l'interrogatoire :

— Pourquoi allez-vous en Israël ?

— Pour filmer un spectacle de Michel Drucker.

— Avec qui y allez-vous ?

— Avec Michel Drucker.

— Vous serez logé où ?

— Dans un hôtel…

— Quel hôtel ? Et vous le connaissez depuis longtemps, Michel Drucker ?

— Oh, ça fait un bail.

— Un bail de combien de temps ?

Pendant cet interrogatoire, j'attendais, stressé, dans un coin. Pas trop inquiet à l'idée que le cameraman ou le preneur de son soient des psychopathes antisémites, non, mais on a toujours une bonne raison de stresser, même sans savoir laquelle – en tout cas moi. Pourquoi être détendu quand on peut être sous tension ? Être traité en VIP n'est pas désagréable, mais embarrassant. On ne se rend pas toujours compte des réalités vraies, on glisse, tout s'ouvre devant soi. J'aurais préféré avoir à répondre à un intraitable agent de sécurité. On découvre un pays à ses habitants, ses habitudes, à l'improviste. Comme l'équipe, j'aurais bien aimé

232

vivre une scène de film d'espionnage, face à des gardes suspicieux.

Mes amis sont restés un bon moment à la fouille dans une atmosphère lourde, voire paranoïaque. Confiscation des flacons de plus de 100 ml, auscultation des talons de chaussures, des ceintures, des ordinateurs… Vérification anthropométrique des passeports… Ça a fini à deux doigts de la fouille au corps, puis tout est rentré dans l'ordre.

L'hypocondriaque en moi n'en est pas revenu.

— C'est vrai qu'ils vident les tubes de pommade, vérifient les médicaments, les inhalateurs ?

Quatre heures plus tard, j'atterrissais à Tel-Aviv sous le soleil d'Orient. Les pays chauds se respirent dès votre descente d'avion. Un choc et une caresse. Une bouffée suffit à comprendre qu'on vient de parcourir plusieurs milliers de kilomètres. J'ai filé à mon hôtel en bord de plage. Les rues, le bord de mer étaient très animés, très éloignés d'un couvre-feu. C'était même le contraire. On sent tout de suite que le cœur de cette capitale bat plus fort qu'ailleurs. L'électricité joyeuse qui flotte dans l'obscurité m'a frappé. Si Tel-Aviv a une réputation festive d'intense vie nocturne, c'est à cause de la jeunesse. Elle est partout. Le pays vit à fond, faisant songer à la chanson de Michel Fugain, «Chante, la vie chante, comme si tu devais mourir demain». En écartant les rideaux de ma chambre, j'ai compris que j'étais en Israël, nulle part ailleurs, et j'en ai ri tout seul. Ma fenêtre donnait sur la plage des homosexuels, quelques jours après la Gay Pride – trois cent mille participants, à ce qu'on m'a dit. Le drôle, c'est que juste à côté, nettement plus discrète, austère, sans ballons roses ni distributeur de préservatifs, tendue de stores et de canisses pour ne pas être vus, se situait la plage… des religieux. Encore un peu plus loin, celle réservée aux chiens, car à Tel-Aviv, les chiens ont leur plage – dommage qu'Isia ne soit pas avec moi. J'ai pris des photos pour Dany. Des alentours montait la rumeur d'une soirée d'été, à la fois urbaine et balnéaire. Des éclats de rire, de verres trinqués, des airs dansants, une atmosphère tendre et fraternelle. La brise venue de la mer rafraîchissait cette belle journée d'été. C'était merveilleux et un peu bouleversant.

Les Israéliens sont fous de leurs animaux parce que les animaux absorbent l'angoisse – hein, Isia ! Des étudiants promènent les chiens dans des parcs à chiens. Ça fait des sous aux jeunes gens, prendre l'air aux toutous, et des espaces verts en ville. Ici, tout est frénétique, inventif, organisé, connecté. Ce pays suractif n'a pas une minute à perdre. Tout le monde circule à vélo, des vélos chinois électriques. Derrière cet élan, on repère vite une société à deux vitesses, les riches, très riches, et les modestes, très modestes, qui s'en sortent difficilement. Le smic est à 1 200 euros, beaucoup de travailleurs cumulent plusieurs petits boulots. Mais surtout, les mômes de dix-huit, dix-neuf ans sont omniprésents. Tel-Aviv ressemble à une gigantesque université qui palpite au rythme de l'Amérique. En même temps, leurs vertes années sont vite interrompues par le service militaire. À vingt-quatre ans, un jeune Israélien, fille ou garçon, en a déjà passé deux ou trois sous les drapeaux, mobilisable à la moindre alerte. Cet engagement national leur donne une maturité exceptionnelle, la plupart sont férus de civisme et d'un patriotisme aigu. La défense de la nation passe avant tout. Tout en restant des jeunes gens, on les sent responsables, en possession de toutes les clefs qui permettent de devenir adultes.

Pendant mon vol depuis Paris, j'avais scruté la carte pour me préparer à en apprendre le plus possible durant mon bref séjour. Même les contours de cet État semblent si fragiles. Une bande terre de cinq cents kilomètres sur trente, cernée de tous côtés. Moi qui ai du mal à trouver le sommeil, je me demande comment ils peuvent se coucher tranquilles. Justement, ils ne dorment pas beaucoup, la vie nocturne bat son plein dans ce pays qui ne dort que d'un œil.

À l'inverse de la tension à laquelle je m'attendais, focalisé sur les attentats, j'ai trouvé partout la joie de vivre, une sensation paradoxale de confiance, de sécurité même. Faut dire que le soleil brille tout le temps et qu'aucune menace n'empêche la jeunesse d'avoir la fleur aux dents. La meilleure façon de savoir ce que ces Israéliens éprouvent vraiment, c'était de le demander aux francophones, nombreux. J'ai donc posé mes questions, de-ci, de-là, à une serveuse, un étudiant, une avocate.

— C'est quoi, votre préoccupation ?

— Nous sommes inquiets de la montée de l'antisémitisme en France.

Leur appréhension des problèmes chez nous est surprenante. Dans le monde global de l'info continue, la sinistrose est bien partagée. Quand nous les imaginons cloîtrés dans la terreur des kamikazes, eux nous voient paralysés par les tensions communautaires. Je leur ai répondu que je percevais les choses autrement, en France. Bien sûr, les écoles juives sont surveillées, les insultes se répandent sur Internet, mais la France n'est pas un pays antisémite. Toutefois, j'évite de pousser trop loin les conversations. Mon réflexe de journaliste et d'animateur consiste à écouter plutôt qu'à intervenir. Et je ne sais pas tout de la situation ici. Je me sens leur invité à eux, si heureux, si fiers de me montrer les charmes de la capitale, les fruits d'Israël. Cette formidable impression de vitalité m'a enchanté. Je les ai tous trouvés beaux, sympathiques, courageux. En vieillissant, se fâcher avec la jeunesse, manquer d'indulgence à son égard, s'en méfier, la juger, penser ne rien pouvoir en apprendre, voilà un des pires stigmates de l'âge. Au moins j'échapperai à celui-là. Dès qu'une fille, un garçon me disent : «J'ai dix-huit ans», j'en suis baba, aussi curieux qu'ébloui.

Un pays ne se résume pas à sa capitale, Tel-Aviv n'est pas plus Israël que Paris ne raconte l'Hexagone. Je ne suis pas allé dans le Néguev ou à Eilat, je ne suis pas allé voir les Territoires occupés. En ce moment, où la violence y culmine, l'ambiance doit être de loin moins séduisante que dans la capitale. Mais je me suis promis que cette autre réalité serait le but de mon prochain voyage.

Ma première visite a été pour la fille d'Yitzhak Rabin dans le mémorial qui lui est consacré. Plus tard, lors d'un dîner organisé par Jean Frydman, homme d'affaires français très proche de l'État israélien et ami des grands de ce monde, j'ai été placé à côté de la fille de Shimon Peres et face à l'ex-ambassadeur d'Israël en France, Avi Pazner.

— Je vous connais, monsieur Drucker, du temps où j'étais en poste à Paris, puisque vos bureaux rue Jean-Mermoz donnaient sur le mien.

— C'est en voyageant qu'on s'aperçoit que le monde est petit.

— Surtout en Israël.

Dans les dîners officiels aussi bien que dans les troquets ou les restaurants de plage, les conversations sont souvent politiques, les Israéliens

adorent ça. Il y a peu à dire du temps qu'il fait sous
un climat toujours égal. Leurs échanges tournent
vite à la joute oratoire, chaque sujet s'avérant
susceptible de fâcher. Les Tel-Aviviens ne s'en
privent pas. D'une table à l'autre, d'une terrasse à
un balcon, leurs discussions sont aussi sonores
qu'éphémères. Puis, d'éclats de voix en éclats de
rire, chacun se salue et disparaît, comme pressé. Ils
recommenceront à se chamailler demain, comme
nous, les Drucker, recommencions le dimanche
suivant.

À la table de ce dîner chez les Frydman,
comme partout, le débat s'anime à propos de
la politique de Benyamin Netanyahou, Premier
ministre porté au pouvoir en 2009 par une majorité
conservatrice. Mais l'harmonie revient avec le premier plat. Cette année, on trinque aux soixante-
dix ans d'Israël. Un État plus jeune que moi ! Je
suis donc plus vieux qu'Israël, en tant que nation
– encore un sacré coup de bambou.

Durant ce dîner, j'ai continué de parler peu,
n'étant pas le mieux placé pour donner mon avis,
entre un ambassadeur, un universitaire, un général de l'armée de l'air, les descendants des plus
grandes figures nationales. Mon vieux complexe est
revenu de mes jeunes années gâchées, à l'époque
où mes parents me répétaient sur tous les tons :
« Mais qu'est-ce qu'on va faire de toi ? » – ce que je
me demandais aussi, à force. Toutes ces années

capitales jusqu'à vingt ans, mon entrée à l'ORTF, durant lesquelles je n'ai rien appris, rien retenu, ni ouvert un livre. Comme ces lectures et ce savoir me manquent encore aujourd'hui. «Le temps perdu ne se rattrape plus», chante Barbara. Pendant cette soirée, plusieurs fois, j'ai mesuré toutes mes impasses sur des œuvres, des chefs-d'œuvre de l'art, au cinéma, en littérature, l'ampleur de mes lacunes en histoire... Je ne connais presque rien en fait, sinon – sur le bout des doigts – le cursus de trois cents acteurs et chanteurs français, de sportifs, d'écrivains célèbres, d'hommes politiques. Moi qui vis sur l'actu, je me trouve inculte. En homme de télé, c'est la culture de l'image qui m'a forgé puis entraîné vers la culture écrite – merci l'INA et son magnifique service d'archives. Je lis le livre de souvenirs d'un artiste qui va s'asseoir dans le canapé rouge, je ne manque pas un film de Dany Boon, mais je n'ai jamais lu la Bible, sans parler de la Torah. J'ai éprouvé cette nostalgie des études au milieu de ce cercle de personnes si érudites. La conversation s'est poursuivie sur l'histoire antique du Proche-Orient, j'ai décroché tout en restant captivé. Je ne suis pas *old school* au point de connaître le roi Salomon, j'avoue que sa bio m'est un peu floue... J'avais six ans en 1948, année de la création d'Israël – aucun souvenir. En 1960, j'avais dix-huit ans – premières informations, grâce aux nouvelles des membres de ma famille qui ont rallié cette terre. Pendant la guerre des Six-Jours, en 1967, j'avais vingt-cinq ans – je suis «installé» à l'ORTF. En 1973, pendant la guerre du Kippour, trente ans. J'ai commencé à m'intéresser vraiment à Israël en 1978 avec Camp David, ce premier traité de paix signé sous l'égide de Jimmy Carter, Menahem Begin et Anouar el-Sadate. C'est plus dans mon caractère d'avoir pris vraiment contact avec cette région grâce à la promesse d'une tentative de paix.

Pour ne pas rester muet jusqu'au dessert, je me suis risqué à demander à la fille de Shimon Peres pourquoi son père et Yitzhak Rabin, dont l'assassinat m'avait bouleversé, ont eu pendant longtemps des relations si difficiles.

— Michel, vous qui êtes là depuis trois jours, à votre avis ?

— À mon humble avis, je pense qu'Yitzhak Rabin, ancien para, était un chef de guerre et votre père, un intellectuel.

— C'est assez bien vu, Michel. Vous voyez, on apprend vite à connaître la problématique essentielle d'Israël…

— Quand faut-il frapper, quand faut-il parler ? a renchéri un convive. C'est encore tout le problème avec Netanyahou…

La conversation s'est poursuivie de plus belle sur la stratégie du gouvernement, faucons contre colombes, l'épreuve de force ou le prix du dialogue… J'ai préféré rester sur mon bon point, sans décevoir ni froisser personne. Je ne suis pas venu pour juger, je suis venu pour aimer.

Au début, Israël était un État socialiste, aujourd'hui ce sont les champions du capitalisme au Moyen-Orient. Leurs sites de haute technologie n'ont rien à envier à la Silicon Valley. 7 % de croissance, à peine 3 de chômage. Question éducation et santé, Israël se place devant la France, la Belgique et l'Italie. Huit millions d'habitants dont 6,5 millions de juifs. Les dépenses militaires absorbent 7 % du produit intérieur brut; en France, c'est 2,5.

J'ai bûché avant de débarquer et suis resté étudiant pendant quatre jours pour combler le temps perdu. Être étudiant, c'est merveilleux, à portée de main de chacun sans aucun rapport avec sa date de naissance. Et un excellent entretien – j'en parlerai au docteur Allard. J'ai posé mille questions. Chaque soir, je rapportais plein de bouquins dans ma chambre. La plus grande angoisse, le cauchemar des Israéliens, en ce moment, serait de voir les Russes se mettre à livrer des armes à leur allié, l'Iran. Mais ils ont déjà trouvé la parade en inventant des coupoles virtuelles, véritables boucliers de sécurité aérienne, pour intercepter et neutraliser n'importe quels missiles, d'où qu'ils viennent.

Tout en bachotant la géographie et la diplomatie, j'ai aussi pris le temps de faire un peu de vélo. Le deux-roues est universel et leurs grosses bicyclettes électriques chinoises m'intriguaient. J'ai sillonné Tel-Aviv. De l'excellent matériel, chapeau, bravo, rien à redire. Sacrés Chinois, ce sera peut-être bien la Chine, la superpuissance de demain. On pédale à peine sur leurs engins comparables à des mobylettes améliorées – ils ont dû gonfler le moteur. J'ai parcouru facilement les quatorze kilomètres de plages avant de revenir par la ville intérieure. Sur la route de l'aéroport ou à la périphérie de Jaffa, on ne compte plus les tours en chantier, les gratte-ciel poussent comme des champignons.

Dan, mon hôte, m'a dit : « Quelqu'un voudrait te voir. » Sans m'en préciser davantage, sinon un nom : Anton Weinstein. Nous nous sommes retrouvés devant un petit immeuble moderne avant de nous engager au sous-sol jusqu'à une porte d'acier peinte en rouge s'ouvrant par commande électrique. La porte a résonné sur ses lourds gonds d'acier et j'ai pénétré dans un lieu clandestin et fascinant, une caverne d'Ali Baba. Un antre de musique, peuplé d'instruments, domaine d'un fameux vieux luthier qui restaure les violons de la Shoah. Soixante-dix ans sonnés, brun, un visage buriné de sage avec des mains magiques. J'ai découvert avec lui que le diable a aussi une passion pour

242

la musique, l'Allemagne d'Hitler, Göring et Goebbels adorait Mozart, Wagner ou Liszt…

Dans les camps se trouvaient prisonniers des musiciens juifs, même si nombre d'entre eux sont parvenus à échapper aux rafles. Alma Rosé, la nièce de Gustav Mahler, par exemple, fut la seule maître de musique déportée, exécutée à quarante-huit ans. Dans la plupart des camps, les SS avaient monté des orchestres de prisonniers dont ils étaient fiers. Mengele, parmi les plus monstrueux, appréciait ces concerts. La gardienne SS d'Auschwitz Maria Mandl, surnommée « la Bête féroce » tant elle manquait de sentiments humains, sanglotait en écoutant Mozart interprété par des artistes affamés qu'elle allait gazer. La musique jouait chaque jour, en toutes circonstances, les orchestres donnaient des airs entraînants sur la rampe, au moment de la sélection. Dans le ghetto de Varsovie aussi, des dizaines de violoneux ont joué jusqu'au bout, des nazis les ont entendus.

Par passion pour les instruments, Anton Weinstein s'est mis en tête de retrouver un maximum de violons de ces musiciens déportés. Ceux-ci s'en débarrassaient parfois, les jetant des wagons plombés avec de petits mots. Un à un, Anton veut les récupérer, tous, jusqu'au dernier.

— La machine à tuer hitlérienne n'est pas parvenue à faire taire cette petite musique juive.

Je comprends sa fierté de passer son existence à récupérer les violons de la Shoah.

Weinstein connaît bien Paris et même Eygalières, mon village de Provence, puisqu'il a travaillé avec Étienne Vatelot, son maître, fameux luthier installé dans ce joyau des Alpilles. Dans quelques semaines, je jouerai la dernière de mon spectacle dans un nouveau lieu en plein air qui porte son nom : l'espace Étienne-Vatelot. Le monde ici est de plus en plus petit, intime même. Anton m'a fait signer l'instrument qu'il était en train de restaurer. Un jeune musicien jouera bientôt sur ce violon du souvenir dans des festivals à travers le monde. Je l'entendrai peut-être un soir résonner sous les oliviers d'Eygalières.

À Yad Vashem sont déposés quatre millions de noms, consultables. Un travail incessant fait qu'on en consigne toujours. Un patronyme, deux dates, la naissance, la mort. Deux millions manquent encore, l'équipe épluche toutes les archives d'Europe. Ils travailleront jusqu'à la dernière victime. Un jour, tous les morts de la Shoah seront recensés dans ce sanctuaire, à l'intérieur de la salle des noms. Un million et demi d'enfants y tiennent une place à part, souterraine, dans une crypte illuminée de centaines de bougies qui brillent comme des étoiles. En la traversant, le visiteur

244

entend s'égrener dans le lointain la litanie des noms, âges et pays d'origine.

— Abraham, sept ans, Pologne.

— Rachel, quatre ans, France.

— Yehudi, sept ans, Allemagne.

À l'infini.

Yad Vashem signifie «mémorial» dans les textes saints.

«Et je leur donnerai dans ma maison et dans mes murs, un mémorial (Yad) et un nom (Shem), qui ne seront pas effacés» (Isaïe 56, 5).

Ici, la religion se mêle toujours à la vie, l'instant présent aux siècles, aux défunts. Tous ces enfants, nourrissons, écoliers, un million et demi, que seraient-ils devenus s'ils avaient vécu? Des boulangers, des violonistes, des conducteurs de train, des médecins, des pionniers de la télévision... C'est bien un peuple qui a disparu, une part du monde, fauchée, dont on perçoit l'absence. Tant de vies en moins restent inconcevables. Dans le mémorial circulent des collégiens, des lycéens venus de tous les coins du globe. C'est comme à Verdun. J'ai remarqué de jeunes Allemands en voyage organisé avec leur école. Je les ai reconnus à leur langue. Je les ai observés passer de vitrine en vitrine, eux dont les grands-pères, les grands-mères étaient nazis, eux dont les maisons familiales s'ornaient des photos d'Hitler. Je les fixais, discrètement, lorsqu'ils s'arrêtaient devant d'interminables listes de victimes, comme je venais de le faire. Sans reproche à leur égard, sans défiance, je ne pouvais m'empêcher de me demander comment cette génération, issue d'une nation où est né et s'est épanoui ce régime abominable, vivait sa visite. Quel est leur lien, forcément particulier, avec la Shoah ? Je n'ai pas osé le leur demander. Yad Vashem n'est pas un endroit où l'on pose des questions. On écoute, y compris le silence. Quelles conversations auront ces jeunes Allemands avec leurs parents, leurs grands-parents, à leur retour ?

Une fois sorti, je n'ai pas non plus posé de question, sans voix pendant un long moment. On s'éloigne, on s'écarte, et doucement, dans une sorte de ouate, on remonte peu à peu du gouffre vers le monde. C'est à cause de ce vertige, cette douleur si impuissante que je n'ai pas encore fixé de date pour me rendre à Auschwitz.

L'autre silence, c'est quand je suis arrivé devant le mur des Lamentations à Jérusalem, au soleil de plomb de l'après-midi. Ça ne paraît pas grand-chose, de loin, derrière des barrières, cette esplanade blanche où le soleil tape. Il faut s'approcher pour que les pierres parlent. Usées, rongées, dorées. Dès qu'on les touche, religieux ou pas, juif ou non juif, quel que soit son âge, sa patrie, on est transporté. Comme tant d'autres l'ont fait avant et le feront après moi, j'ai glissé entre deux blocs de pierres ma pensée inscrite sur un petit bout de papier plié en quatre.

Je n'ai pas songé à la religion juive, à Moïse, à Yahvé… Le curé de Vire, les églises de mon enfance sont passés devant mes yeux. Je me tiens debout, un cierge à la main, le jour de ma communion solennelle. Les messes de baptême, de mariage, d'enterrement… Là, avec mes souvenirs de Normandie, j'ai senti l'encens se mêler à la poussière. C'est autant son passé que l'avenir qu'on dépose au pied du mur du temple d'Hérode, ce roi qu'au dîner officiel, j'avais tendance à confondre avec le roi Salomon. Ce n'est pas trop grave, vu d'ici, la chronologie. D'ailleurs, les historiens ne sont pas d'accord.

On se recule du Mur avant de prendre un temps pour se recueillir. J'ai bien sûr songé à mes parents, d'une manière inattendue, pas comme je l'aurais cru. Que penseriez-vous, Abraham et Lola, en me voyant ici, et honoré, en Israël, pays mythique ? Le maire de Jérusalem m'a remis la médaille de la ville devant les caméras. Mes parents en auraient été abasourdis. Mon père, trop ému pour parler, et maman se demandant pourquoi, pourquoi moi, qui ne serai jamais Élie Wiesel, Yehudi Menuhin, Rubinstein, Rostropovitch, ni même Jacques Chancel ? Mais ce n'est pas grave non plus, tout ça.

Je me suis retourné. Le soleil brillait sur le dôme d'or de la mosquée d'Omar. Le ciel était

aussi bleu que celui de Provence, en plus chaud.
Moi aussi, j'ai fait ma route, comme Jean, comme
Jacques, Lola, Abraham, comme les miens et tous
les autres visiteurs que je voyais s'incliner ou simplement baisser les yeux devant le Mur.

Je pensais retrouver mes parents ici mais je ne
fais que penser à un jeune couple amoureux,
Abraham et Lola Drucker, comme si les plus
vieilles photos sépia des albums de la famille s'ani-
maient. Abraham et Lola, dans leur destinée
d'avant, d'avant Jean, Michel et Jacques... Où
serions-nous tous les trois, que serais-je sans le
courage de mes parents?

En 1948, à la naissance de ce pays, ils étaient
dans la fleur de l'âge, épargnés de justesse par la
guerre. Jean et moi venions de naître, Jacques
allait nous rejoindre. Dans un souffle, j'entrevois
sans cesse mon père et ma mère, déterminés, en
marche, souriants ou affolés, deux transfuges,
deux immigrés, débarqués, dénoncés. Juifs errants
à la fois bien réels et légendaires. C'est vers la jeunesse de mes parents que m'entraîne la jeunesse si
pleine de vitalité d'Israël. Moi qui les ai toujours
vus comme mes aînés, comme des vieux, j'ai eu
tort – je comprends qu'eux et moi avons eu le
même âge à des époques différentes. Et quand
je les imagine à Jérusalem, Abraham et Lola sont
bien plus jeunes que je ne le suis à présent.

On ne devrait pas dire «troisième âge», ça n'existe pas, on devrait dire «troisième souffle».

Au mur des Lamentations, mon âge s'est effacé, il n'a strictement plus rien signifié. Quiconque sera toujours beaucoup plus vert que les rois David et Salomon. J'ai cru venir ici accomplir un devoir de mémoire, honorer le souvenir d'un peuple auquel appartenaient mes ancêtres, par fidélité au passé, à l'Histoire, mes racines, mais le présent m'a pris. Ce n'est pas du passé que je ressens, ni de la nostalgie, à peine un regret. Intimement, je me sens un peu Jean, un peu Lola, un peu Abraham, tous les trois réunis.

À Jérusalem, je me suis senti devenir mes parents, et même le père de mes parents. Une forme de réconciliation, par-delà la perte et le temps, que je n'avais jamais connue.

Après cette visite au Mur, j'ai vu mourir un homme en pleine rue. Ça devait finir par arriver. Une sirène a hurlé, une ambulance a attiré mon regard. Des médecins, des brancardiers en ont jailli autour d'un corps à terre, immobile. Il avait cette inertie définitive, quelque chose de cassé, parti, qui ne reviendrait pas, une mare de sang autour de son crâne. J'ai tout de suite pensé qu'il était bel et bien mort, que tous leurs efforts ne le sauveraient pas. La scène se déroulait dans le calme et le silence. Ce monsieur corpulent avait été saisi par un malaise fatal tandis qu'il marchait. Sa chute avait dû provoquer une hémorragie. Peut-être venait-il de déposer sa prière entre les pierres ? Je ne voyais pas sa figure, juste cette masse sinistre. Je me suis approché, au cas où il faudrait aider, mais l'équipe n'avait besoin de personne. C'était encore des jeunes gens, affairés et précis. J'étais fasciné. Malgré leur concentration, j'en ai vu sourire, relâcher la tension en s'écartant, échanger une plaisanterie, totalement imperméables au drame. Leur indifférence au malheur m'a paru bizarre, effrayante même. La jeunesse de ce pays prenait soudain l'allure d'une armée froide, mécanisée, que rien ne peut troubler. Je me suis tourné vers mon guide, qui souriait aussi, ravi du spectacle performant d'une intervention exemplaire. Quelque chose s'est détraqué. Est-ce la proximité du danger, du terrorisme, du meurtre qui leur donnait cette décontraction insensible ?

Arrivé à deux pas du groupe, j'ai enfin compris. Il s'agissait d'une simulation d'intervention rapide, le cadavre n'était qu'un mannequin, un robot. Le sang, de l'hémoglobine. Ils soignent les détails qui frappent. Tout était faux, en paraissant si réel. J'ai ri aussi en reprenant mon souffle, soulagé. L'horreur s'est évanouie en plaisanterie. Je n'ai pas pu m'empêcher d'aller échanger quelques mots avec l'équipe du Samu local. Ils s'entraînaient à agir efficacement, n'importe où en public, puisque les attentats sanglants frappent n'importe qui. Ils venaient de tous les horizons, toutes les géographies : les deux jeunes anesthésiste et urgentiste israéliens, un jeune rabbin secouriste, une infirmière palestinienne... Moyenne d'âge : pas plus de vingt-cinq ans.

Le sanctuaire de la Shoah, le Mur, la prière, profane ou religieuse, l'intervention d'urgence, le soin, la vie sauve, l'existence où brutalement surgit la mort, et puis finalement la vie, si je n'avais passé que trois, quatre heures en Israël, cet après-midi-là, j'en aurais vu beaucoup.

C'était une grande, dure et belle journée. Le lendemain soir, l'ambiance légère et gaie, si communicative, du Tel-Aviv *by night* m'a repris.

Pendant mon séjour, j'ai joué dans un théâtre devant mille personnes qui m'ont accueilli en m'applaudissant debout, dix minutes. Comme quelqu'un qui rentre chez lui. Leurs sourires me reconnaissaient. Ce n'était pas seulement « bienvenue chez nous » mais « bienvenue chez toi ».

Juste avant de quitter la scène j'ai prononcé trois mots d'hébreu :

— *Am Israel haai.*

Israël vivra.

Je n'étais pas venu juger, j'étais venu aimer et être aimé.

Le dernier soir

Maintenant je sais, Jean Gabin

Toute ma jeunesse, j'ai voulu dire JE SAIS
Seulement, plus je cherchais, et puis moins je savais
Il y a soixante coups qui ont sonné à l'horloge
Je suis encore à ma fenêtre, je regarde, et je m'interroge ?
Maintenant JE SAIS, JE SAIS QU'ON NE SAIT JAMAIS !
La vie, l'amour, l'argent, les amis et les roses
On ne sait jamais le bruit ni la couleur des choses
C'est tout ce que je sais ! Mais ça, je le SAIS… !

Et je suis revenu à Eygalières pour la dernière date de mon spectacle. Il y a deux ans, un responsable de la télévision publique m'a demandé de rajeunir les marques, mon univers a vacillé comme il y a vingt-cinq ans. On a beau dire, en public ou en privé, que j'échappe à la loi du temps, que je suis une exception… en jouant avec l'image, la durée, j'ai transgressé, j'ai dépassé la ligne habituelle, mais sans démériter. Je suis en sursis depuis longtemps, je le sais. Pour finir, à moi aussi, un employeur est venu tapoter l'épaule en me soufflant à l'oreille, sans que rien l'annonce : «Vous avez fait votre temps, voyez avec la comptabilité pour le solde de tout compte, merci, nous n'avons plus besoin de vous. »

J'ai raconté sur le vif, après ce déjeuner, comment j'ai filé dans la salle de bains regarder le «vieux» que je suis devenu, tous ces doutes qui vous assaillent dans ces moments-là et dont on ne parle pas. Je ne me suis pas révolté puisqu'ils avaient raison, le système a forcément raison vu la date de naissance inscrite sur ma carte d'identité. Le temps sert à marquer un début et une fin.

Mais moi, c'est toute ma vie, durer. C'est mon challenge.

Dès mes premières heures d'antenne, j'ai eu peur d'être viré, comme le cancre que j'étais, bon à rien. « Non, non… Ça va comme ça, rentrez chez vous, faites autre chose. » J'ai raconté dès mon premier livre comment j'ai vécu sous pression, jusqu'à déclarer un début d'ulcère à vingt ans, dans la crainte que ma productrice Michèle Arnaud, pas tendre, ne me remplace par un autre, plus doué. Cinquante ans plus tard, au fond, j'avoue, c'est dur de m'entendre dire de céder la place. Ma vie, qui a passé si vite, n'a été faite que d'un désir, que certains me reprochent : durer, et durer ; avec le temps, ce verbe signifie rester.

Comment prouver qu'on est encore jeune si on ne l'est plus ? De toute façon, c'est un combat perdu d'avance. Justement, faut y mettre du sien, fournir deux fois plus d'efforts, au fur et à mesure qu'on vous reproche d'être largué. Du tonus, de l'innovation, de la réactivité, des idées, tout en imitant ce qui marche, sans perdre un téléspectateur, sinon on vous zappe. Soyez vous-même et autre chose, faites ceci et son contraire, je la connais par cœur cette télévision sur papier, dans un bureau.

257

En épitaphe, je me demande si je ne devrais pas faire graver :

« Ci-gît Michel Drucker,
qui a passé sa vie à rajeunir les marques.
1942-20 ?? »

La seule chose qui manque à cette épitaphe, ce sont deux petits nombres. Pour cette date encore manquante, je me sens prêt à bouger comme jamais.

Du jour où j'ai reçu ce coup de semonce, je me suis trouvé fatigué, abîmé, coupable de mon âge – le coupable idéal, ennemi public numéro un de la longévité, surexposé. J'en ai tremblé sur mes bases, sans rien dire, sinon saouler ma femme qui, au même âge que moi, n'en fait pas une maladie. Dany est une philosophe qui vit pour les animaux, moi je suis animateur télé, showman. Elle a moins de mérite d'être sage. On n'a jamais entendu un chien ou un chat reprocher à son maître d'avoir des poils blancs. Eux s'en foutent, de l'âge du capitaine, pourvu qu'on s'aime.

À la prochaine rentrée, c'est reparti, parce que le nouvel homme fort de France Télévisions, Takis Candilis, me l'a demandé en me rassurant : « Arrête ta parano. Tu as toute ta place parmi nous. J'aimerais bien que tu reprennes tes deux rendez-vous du dimanche, groupés, entre 14 h 15

et 16 h 30. » Je lui ai répondu : « Bon, d'accord. »
Je redeviens donc, dans ma case, l'homme du
dimanche.

Quelle conclusion en tirer ? Une seule. Je vais
recommencer avec mes soixante-seize printemps.
Deux années sans hiver, chaque dimanche, au soleil
du Studio Gabriel, refait à neuf. Je suis heureux de
me dire ça : tu recommences. *On the road again.*

Franchement, ici, à Eygalières, à quelques
heures de donner mon spectacle, je me dis, quand
même, un stand-up, à un âge où surviennent les
premières petites difficultés de mobilité, t'exa-
gères pas un peu ? D'autant que je travaille déjà
sur un deuxième seul en scène.

Laurent Gerra va finir par en faire un sketch.
Un jour, peut-être, Laurent m'imitera comme
Jeanne Moreau, en E.T. de Spielberg – son imita-
tion la plus cruelle. Jeanne Moreau avait répondu,
avec cet air détaché de ne pas en être vexée, tout
en l'étant extrêmement : « ... Oh, il gagne sa vie, il
fait son métier. »

Même un tout petit public me donnera toujours la joie d'être un conteur. Personne ne pourra
venir m'ôter le plaisir de l'aventure folle de la
scène.

J'ai commencé à en rêver ici, à Eygalières,
sans oser y croire, avec un crayon, du papier, l'aide
de ma fille Stéfanie, la curiosité de ma petite-
fille Rebecca. L'urgentiste Patrick Pelloux passait

quelques jours d'été avec nous. En scène je porte sa blouse blanche, pour rendre également hommage aux médecins généralistes de province, dont un en particulier, le docteur Abraham Drucker.

Je doutais toujours, pas rassuré ; je n'avais qu'une idée en tête : pourvu que cela soit bien. Le doute est le parfum et le poison du challenge. Faut y aller, précisément parce qu'il y a une part de risque, d'incertitude, un grain de folie. Ce grain, croquez-le tant que vous pouvez. Après, si le corps ne suit plus, c'est une autre histoire. Si je ne me sentais plus en état de marche, j'arrêterais sans hésiter.

Me voilà le 7 juillet, en Provence, à inaugurer l'espace Étienne-Vatelot, baptisé ainsi en l'honneur d'une belle personne, artisan de génie. Depuis mon voyage en Israël, grâce à Anton Weinstein, j'ai appris qu'il a été aussi un grand luthier des âmes. Vieillir, c'est apprendre, et ça rend jeune.

Pour un seul en scène, il fallait que je me lève, que je prenne la salle debout, sans mon canapé rouge du dimanche. Je ne savais pas si je pouvais le faire sans être ridicule.

Je me souviens de l'apostrophe de Fabrice Luchini : « Kerdru, mais t'es complètement fêlé ! Tu te prends pour Sarah Bernhardt ? Es-tu sûr d'avoir l'autonomie suffisante pendant deux heures en position verticale, toi qui es assis sur un canapé de vieux depuis plus de vingt ans ? Fais gaffe, en ce moment, la chasse aux vieux est ouverte et t'es pas un perdreau de l'année. »

Prévenu, on se le tient pour dit, on bricole, on triche un peu aussi. À la rentrée prochaine, j'ai demandé à ma fille de surélever le canapé, afin d'avoir l'air moins tassé, plus dynamique.

Il fait doux. L'été est radieux. Tout le village est venu découvrir le Provençal d'adoption que je suis. Je me prépare à donner la cent vingt-huitième représentation de *Seul avec vous*, dernier soir, qui n'en est pas un, juste la fin d'un épisode. Je suis à trois cents mètres de ma mère, six kilomètres de mon frère Jean et tout près aussi de mon père, qui repose au pied des Baux-de-Provence. Ma famille me donne l'impression d'être au bout de l'horizon. La veille de la répétition, je fais un saut au cimetière d'Eygalières. Je redeviens leur ado qui vient se faire encourager par les siens. Quel dommage, quelle absurdité qu'ils ne soient pas là, quand même. Ce serait si parfait. Je leur parle, mais m'entendent-ils ?

Dans le public se trouve un confrère, ancien directeur de la rédaction du *Nouvel Observateur*, Claude Weill. En scène, j'évoque cette fameuse photo de Simone de Beauvoir nue, de dos, face à un lavabo, en une de leur couverture. Simone de Beauvoir que j'ai interviewée comme un coureur cycliste se prépare à gravir un sommet. Ma mère en tremblait pour moi. Maman, abonnée si fidèle de ce magazine de haute tenue, n'aurait ni compris ni accepté qu'il puisse oser mettre à sa une une photo si impudique. Heureusement que Lola Drucker, née Schafler, n'a pas vu les fesses (par ailleurs drôlement jolies) de Mme de Beauvoir. Mourir épargne aussi des désillusions. Réflexion faite, elle se serait peut-être reprise en me disant : «Des fesses, oui, mais des fesses de gauche, cultivées, spirituelles, engagées. Des fesses qui ont été caressées par Jean-Paul Sartre.»

Pourvu que le mistral ne se lève pas, que le son soit bon, que je ne gobe pas un moustique. Le plein air requiert des conditions techniques encore plus virtuoses que dans un théâtre classique. Avoir une confiance totale dans l'équipe n'empêche pas de se faire du souci. Et jouer à domicile rend encore plus fébrile.

Je sais pourquoi je suis ici, pourquoi je m'agite, pourquoi je suis monté sur les planches : pour prouver que la marque Drucker tient le coup et la rampe. Tant que vous gambergez, que vous pouvez assumer un risque, n'importe qui peut vous juger vieux mais sans avoir le droit de vous le reprocher.

Je trouve un peu injuste qu'on me traite comme un sociétaire de la télévision française quand je n'ai pas cessé de relever des défis dont d'autres se seraient passés. Faire de «Champs-Élysées» un show de variété prestigieux à la française n'était pas une évidence, remplacer Jacques Martin le dimanche non plus. Quand un projet fonctionne, qu'une équipe réussit, qu'un programme s'inscrit dans la durée en offrant du plaisir, certains oublient qu'il ne s'est pas fait en un jour, l'énergie et les combats qu'il a fallu mener. Les questions, la programmation qui se posent à chaque émission, rentrée après rentrée. Pareil pour « Studio Gabriel », cinq ans en access-prime-time, le plus éprouvant des horaires, et pour mon incursion dans la télé privée. TF1, cette chaîne surpuissante, la première d'Europe, énorme machine triomphante, plafonnait entre 30 et 35 % de parts de marché exigés, fallait les faire. Et il fallait du sang-froid, de la patience, pour regarder monter, doucement, les indices d'audience, les chiffres ! (Pour « Studio Gabriel », une quotidienne, l'épreuve avait lieu chaque matin entre 9 heures et 9 h 05, heure d'arrivée des sondages. Pendant ces cinq minutes-là, tout le paysage audiovisuel français retient son souffle et se fait des cheveux blancs.)

Quand je vais jouer mon spectacle, la scène me donne des ailes. J'en ai eu besoin parce que je pressentais que la télé allait me lâcher. La télé, c'est comme mes jambes, mes bras, ma tête. Comment comprendre qu'on ne veuille pas s'en servir tant qu'ils fonctionnent et qu'un public marche avec moi ? L'animosité, le conflit, je les ai toujours fuis parce qu'ils abîment. Le meilleur caractère, une solide constitution peuvent ne pas résister à trop de soucis, d'empêchements, de désillusions. Un désenchantement professionnel, entre autres, a étouffé mon frère Jean, la nuit de sa mort, d'une crise d'asthme, pas loin d'ici. Le bon air provençal ne l'a pas sauvé.

Aujourd'hui, les choses sont réglées, j'ai resigné, non sans mal, un contrat. Dans un monde complexe, tendu, où les responsables sont aussi sur un siège éjectable, après un bras de fer, il est bon de se retrouver à la loyale, pour incarner l'avenir, à nouveau. Cette signature a été laborieuse, mais je me suis souvenu de ce que me répétait souvent Jean : « Michel, ne prends jamais une décision radicale lorsque tu es tourmenté, énervé… Ne fais rien sur un coup de tête. Ne fais rien avant d'avoir dormi. D'abord, tu vas te coucher et tu dors, tu te reposes quelques jours, puis tu avises. »

J'ai suivi le bon conseil de Jean. La rentrée m'attend, avec mes équipes et, je l'espère, les téléspectateurs.

À force de tension, de dépit, j'ai fini par lâcher quelques flèches dans une interview au *Parisien*. Elles sont tombées sur Laurent Delahousse. Après cinq décennies de bons et loyaux services et de fidélité indéfectible, j'ai su ce que vivent bien des hommes, des femmes d'expérience qu'on pousse vers la sortie. Quelquefois avant l'âge d'une retraite à laquelle ils n'ont pas encore droit. C'est à eux

264

que j'ai pensé aussi en souffrant de certaines maladresses. Je ne suis pas une exception dans une tour d'ivoire. J'ai dit ce que j'ai dit. La chaîne a joué son rôle en me recadrant et j'ai promis de ne pas recommencer…

Lors du dernier «Vivement dimanche» de la saison 2017-2018, fin juin, où je recevais François Hollande, une envie m'a traversé l'esprit : et si j'arrêtais? Je me suis préparé à finir en disant simplement : «Au revoir, bonnes vacances à tous, je ne vous retrouverai pas l'année prochaine. Merci pour tout.»

Une quinzaine de mots lapidaires. Sans déclaration fracassante. Je les ai retournés dans ma tête maintes fois. «Au revoir et merci.» J'ai eu envie d'une rupture, moi qui suis tout sauf un homme de rupture. Je n'étais pas dans mon assiette. Mes proches n'ont pas pu m'aider. «Cette décision t'appartient, Michel, personne ne peut la prendre pour toi. Fais ce que tu dois faire, ce que tu ressens, profondément. À toi de décider si c'est le moment.» Mais j'ai entendu la voix de Jean.

Ça a failli, comme on dit.

C'est fini, c'est passé. À l'heure où ce livre sera publié, tout le monde aura oublié.

Je me retrouve dans mon village d'adoption, celui où mes livres sont nés avec mon éditrice Françoise Delivet et mon complice Jean-François

Kervéan, là où j'ai conçu mon premier spectacle, où sont enterrés les miens. Je sens que mon frère Jean, à travers le chant des cigales, est heureux de m'avoir vu prendre la bonne décision : «En restant sur le service public, tu prouves au contraire que tu n'es pas si vieux. Et puis c'est ta maison.»

Avec ma mère, au cimetière, ça risque de ne pas être la même paire de manches pour ce que j'ai lâché sur Laurent Delahousse, j'ai bien peur de me prendre une claque. Elle est du genre à bien l'aimer.

Le moment de monter sur scène approche. Je salue M. le maire, René Fontes, des amis, des voisins. Je vais ouvrir la soirée en la dédiant à Charles Aznavour qui n'a pas pu être présent à cause de son bras cassé, à Fabrice Luchini qui fut un peu le bon génie de cette aventure en m'encourageant dès le début – lui aussi est d'ailleurs devenu un habitant des Alpilles. Je la terminerai en rendant hommage à Jean-Marc Thibault, un des premiers Parisiens à s'être installé ici, et à Jean-Claude Brialy, à qui j'avais fait trois promesses : jouer dans son théâtre des Bouffes-Parisiens, au festival d'Angers et à Ramatuelle dont il fut le directeur artistique. Promesses tenues.

Je m'isole dans ma loge. Je ne serai plus jamais inquiet, plus jamais. Ce que je fais sur scène, je peux le faire pendant dix ans, et même vingt, tiens. Sans que personne ne vienne à la fin du spectacle comme un huissier poursuit un débiteur en disant : «Monsieur Drucker, vous êtes sommé de rajeunir les marques. »

Je t'en foutrais des marques. Je ne suis pas une marque. Je suis débutant. Je serai toujours au début du reste de ma vie.

Finalement, je suis encore à la télé. Je suis encore là, avec ma rentrée dans la tête. À cogiter avec ma jumelle Françoise Coquet, l'équipe, la famille. Pour programmer, inviter, donner un coup de pouce, un coup de projecteur aux nouveaux talents, rendre hommage aux anciens.

Avec mon spectacle, j'ai voyagé partout, jusqu'au Liban, en Israël, bougé sans arrêt, passant rarement un week-end à la maison. Décidément, j'aime le train. On n'y fait rien, les yeux à travers une vitre, à regarder défiler le paysage. La France et ses régions deviennent la toile de fond de la gamberge. À des centaines de kilomètres/heure, en allant quelque part, la pensée s'oriente davantage vers l'avenir que le passé. Ça m'a aidé, de m'écouter. Aidé à avoir envie d'avoir envie, comme le chante Johnny. L'envie, premier élixir de longévité. Depuis que je connais le docteur Allard, je me fais des listes, liste rose, des bonnes choses qui préservent du vieillissement, et liste rouge, de toutes les autres, qui l'accélèrent. Nous discutons ensemble des mille et une façons de devenir centenaire. En tête de la liste rouge : les regrets qui se ramassent

à la pelle, trop évoquer le passé, laisser la mélancolie nous envahir. En revanche, pousser un coup de
gueule, si nécessaire, de temps en temps, ne pas
avoir trop bon caractère, bizarrement, c'est dans la
liste rose. En gros, subir fait vieillir.

Dans ma loge, je tombe sur un article à propos de Gigi Buffon. Encore un signe. Un des plus
grands gardiens de l'histoire du foot, toujours en
activité à quarante ans, qui vient d'arriver au PSG.
Après le Mondial, il y retrouvera le tout jeune
champion du monde Mbappé, qui à dix-neuf ans
pourrait être son fils. Alors, c'est quoi, être vieux ?

Si je n'ai pas tiré ma révérence à l'antenne en
m'arrêtant publiquement, de façon brutale, c'est
que j'ai eu peur de tenir des propos d'ancien com-
battant, de basculer dans la polémique, les explica-
tions, les accusations qui gâchent une longue
carrière en assombrissant sa fin. Cette litanie souvent entendue et quelquefois légitime : « C'est plus
pareil », « C'était mieux avant », « On m'a mal-
traité », « Je n'y suis pour rien »... Je trouve ces
départs tristes. À partir d'une fracture violente,
j'aurais commencé à vivre dans le souvenir de ce
qui n'est plus. Je ne m'en serais peut-être pas
relevé. Vieillir, c'est ne pas présumer de ses forces.

Des souvenirs, j'en ai des valises, des camions
pleins, je n'oublie rien mais l'essentiel est de s'en
fabriquer encore. Dès que je retrouve des collègues
autour d'un repas, c'est plus fort que nous, on se

268

branche sur la mémoire du métier, direct, sans même regarder ce qu'il y a dans nos assiettes. « Tu te souviens de Pierre Tchernia, de Guy Lux, de Pierre Bellemare… » Nous en parlons parce qu'ils ne sont plus là, eux que nous avons bien aimés. C'est normal de parler des absents lorsqu'ils vous manquent. Ça donne l'impression qu'ils sont partis se laver les mains ou passer un coup de fil avant de réapparaître. Personnellement, avec mon background, j'ai le devoir de mémoire facile, et ça ne va sûrement pas s'arranger dans les années qui viennent. Je vais essayer de ne plus parler de la télé du passé. L'INA est là pour le faire à notre place. Mais la mémoire me colle aux basques. C'est autant moi que mes souvenirs que l'on interroge aujourd'hui.

Télé Melody, après ma visite dans leurs locaux à Lille, m'a demandé de présenter cinq soirées spéciales consacrées aux grandes émissions d'antan. J'ai regardé aussi leur documentaire sur les grandes heures de l'ORTF. Et je suis tombé sur Michel Drucker, forcément. D'une image à l'autre, je me vois prendre dix, vingt ans… Ce qui me trouble le plus, c'est que ce personnage télévisuel est moi et pas moi, il ne donne en apparence aucun signe de ce qu'il est vraiment. Comment ai-je pu être aussi stressé, aussi peu sûr de moi, et le paraître si peu ? Après des débuts fracassants de timidité, à en avoir la tremblote, au fil des années

1960, 1970, 1980, j'ai l'air plutôt à l'aise même si je ne le suis pas. Cela reste un mystère. Que ce M. Loyal, gendre idéal, ne diffuse presque rien de tout le stress qui l'habite. Je m'aperçois avec consternation que j'étais doué, disons ça comme ça. Une forme de politesse, peut-être. J'ai été bien élevé, habitué à ne pas gêner, à me tenir. Sinon, tout est déjà là, qualités et défauts. On ne change pas tant que ça, finalement. Nagui, Dechavanne, les grandes révélations des années 1980, pareil, ils sont toujours les mêmes. Le temps ne décide pas de tout. Chacun lui résiste à sa façon. Chacun trouve sa liberté. Le secret, c'est de se rapprocher sans cesse de ce que l'on est vraiment. Si on y parvient, l'âge n'a plus tant d'importance.

L'âge, c'est fini. Aujourd'hui, va savoir, des jeunes ont l'air usés, des vieillards pètent la forme. L'idée même de génération prend du plomb dans l'aile. Il y a des moyens, psychologiques, diététiques, médicaux, physiques de bousculer les horloges.

Insister sur l'âge, limite, je trouve cela ringard. Quel intérêt, franchement ? Ce n'est pas un hasard si la galanterie impose, à partir d'un certain nombre d'années, de ne plus préciser celui d'une dame. Avec l'égalité des sexes, cette consigne devrait valoir aussi pour les hommes.

— Quel âge avez-vous ?
— Pardon ?
— Quel âge avez-vous ?

— Retirez ça tout de suite, sinon je porte plainte, j'appelle la police.

— Quel âge avez-vous?

— On s'en fout.

— Quel âge avez-vous?

— L'âge que vous vous voulez, ça change tout le temps.

— Quel âge avez-vous?

— Merde.

Voilà le monde auquel je rêve pour demain, c'est pas moderne, ça? Je suis un pionnier du troisième âge futuriste. Aujourd'hui, la jeunesse est bien davantage qu'une image, c'est faire tout ce que l'on peut encore accomplir. Dans trente ans, la plupart des septuagénaires américaines ressembleront à Sharon Stone. Dans soixante ans, ce sera le cas pour une grande majorité de femmes sur toute la planète. Et au XXIIᵉ siècle, nous changerons de corps comme de chemise lorsqu'on y fait une tache. Alors, pardon, se faire traiter de vieux est une insulte rétrograde.

Je me sens mieux, je me sens toujours mieux avant de monter sur scène. Je suis un gamin de soixante-seize ans qui veut son bon point qu'il n'a pas eu à l'école. J'angoisse mais tout se passe bien, presque toujours. À Eygalières, la salle est particulièrement amicale, bienveillante. Nous éprouvons déjà le bonheur naturel d'être réunis. Vieillir rend naturel. Ils sont venus, ils sont tous là. Je serai toujours reconnaissant à n'importe qui de se déplacer.

« Il faut boire jusqu'à l'ivresse sa jeunesse », chante Aznavour, je n'ai pas honte de découvrir cette ébriété sur le tard. Je la bois aujourd'hui mais j'en garde aussi pour demain, prévoyant – on ne se refait pas.

J'entends la rumeur du public, je respire le parfum des soirs d'été dans le Midi, la lavande, la poussière, les cyprès, j'entends les dernières cigales. Je demande à ma partenaire si elle est prête à entrer en scène puisqu'on l'applaudit plus que moi – bientôt, je serai le monsieur qui accompagne Isia.

Sur le petit chemin qui mène de la loge à la scène, un journaliste m'attrape.

— Ça va Michel, la pêche ?

— Oui, et vous ?

Il a l'air surpris.

— Euh, ça va, merci. Comment vous faites pour rester jeune ?

Ça recommence. Je le regarde, pas surpris par la question.

— J'ai dépassé l'âge parce que l'âge, c'est dépassé.

Je le vois noter. Moi aussi, faut pas que j'oublie cette phrase, elle sera parfaite dans mon livre, vers la fin. Et je la répéterai à toutes les émissions de promo.

272

Je fais un signe au régisseur.

— Clément, pas de pépins?

— Tout baigne.

J'aime la gravité qui précède l'instant d'entrer en scène. L'enjeu, c'est le sel de la vie. Il faut que je pense à rappeler Charles. Cette plaisanterie d'un gala pour fêter ses cent ans sur la place de la Concorde, avec l'Arc de Triomphe, en fond de scène, derrière lui, pourrait devenir un projet. Faudrait se rencarder pour l'autorisation auprès de la préfecture. Plus j'y réfléchis, plus je me dis : chiche.

Dans vingt-cinq ans, moi aussi j'en aurai cent. J'aurai publié quarante-deux livres, je totaliserai trente-cinq mille heures d'antenne à l'Institut national de l'audiovisuel européen. J'aurai été passer un week-end sur la Lune, mais sans ma femme, Dany a le vertige et il n'y a pas d'animaux sur la Lune. Elle a peur en avion, alors imaginez les fusées. Je continuerai de voir le docteur Allard pour bien vivre mon siècle psycho-corporel. La science aura révolutionné la santé, accompagnée d'un florilège de gadgets. Je me renseignerai sur chaque découverte. J'essaierai tout. Et je serai encore à la télévision du service public à cent ans. Mon statut évoluera, loin d'être le dernier des hommes blancs de plus de cinquante ans à sévir, je serai le premier centenaire en piste, le premier d'une longue lignée dans l'avenir. Je ne serai plus un vétéran mais le numéro zéro des lendemains qui chantent où la vieillesse sera l'âge mûr, le temps le plus beau et le plus long de nos existences. Pour la rentrée 2022, celle de mes cent ans, je ferai un numéro de voltige aérienne avec Line Renaud.

J'aurais pas dû boire un Coca-Cola, je divague.

— Michel, on y va ?

— D'accord. Je suis prêt.

Juste avant d'entrer en scène, je me demande si le 26 août prochain, pour la première de « Vivement dimanche » nouvelle formule, on a déjà bien booké tout le monde, s'il n'y a pas un petit déséquilibre dans la seconde partie. Isia me fait son œil noir, inquiète que je puisse rater mon entrée. Cette chienne est si importante dans ma vie. Personne ne me connaît mieux qu'elle. À « Vivement dimanche », je devrais peut-être trouver quelqu'un pour parler des animaux. Faut que j'y réfléchisse, que je demande à Isia. Elle a sûrement une idée.

Voilà, je viens, j'arrive.

Je suis là.

« Bonsoir à tous, merci d'être là ! »

Le soleil commençait de se coucher. C'était le 7 juillet dernier à Eygalières, espace Étienne-Vatelot, à 21 h 45 tapantes, en plein air.

C'était il y a une éternité.

Épilogue

Mon général

Le Studio Gabriel, bâtiment classé pour son style Eiffel, a été entièrement rénové – des mois de chantier. Stéfanie a réaménagé mon bureau, petite pièce au sous-sol, me conseillant l'épure. L'occasion de faire un tri, un nouveau décor dans l'ancien. J'ai vu passer des cartons, signe de début et de fin. Que faire des photos, des grigris, des cadeaux, des souvenirs, des bibelots qui s'accumulent avec les années, les enregistrements, les rencontres? Déterminé, j'ai tout remisé. Sauf quelques photos de famille, mes parents et le grand beau portrait en noir et blanc de Jean. Charles Aznavour. Un vieil article de Gérard Lefort, paru dans *Libé*, sur Simone Veil, où il parle de ses yeux. Et j'ai redécouvert un texte oublié, encadré lui aussi. Une déclaration du général MacArthur, que je n'ai jamais eu l'honneur de recevoir sur le canapé rouge. Pas plus que de lire ses Mémoires. Je ne sais même pas comment ces lignes sont entrées dans mon bureau, si elles m'ont été offertes ou si un jour je les ai remarquées et apportées là. Impossible de me souvenir, vraiment. Mais il y a pourtant une bonne raison à la présence de ce texte. En en retrouvant les premiers mots, je me suis souvenu que c'est le plus beau que j'aie jamais lu sur l'âge – et surtout le mien. Depuis combien de temps m'accompagne-t-il ? Je ne sais pas. Mais il n'a pas bougé, pas été emporté avec les cartons. Je le garde dans son cadre noir. Il sera toujours là, avec moi, dans ce bureau et puis ailleurs…

Le voici :

La jeunesse n'est pas une période de la vie, elle est un état d'esprit, un effet de la volonté, une qualité de l'imagination, une intensité émotive, une victoire du courage sur la timidité, du goût de l'aventure sur l'amour du confort.

On ne devient pas vieux pour avoir vécu un certain nombre d'années : on devient vieux parce qu'on a déserté son idéal.

Les années rident la peau ; renoncer à son idéal ride l'âme.

Les préoccupations, les doutes, les craintes et les désespoirs sont les ennemis qui, lentement, nous font pencher vers la terre et devenir poussière avant la mort.

Jeune est celui qui s'étonne et s'émerveille. Il demande, comme l'enfant insatiable : Et après ? Il défie les événements et trouve de la joie au jeu de la vie.

278

Mon général

Vous êtes aussi jeune que votre foi.

Aussi vieux que votre doute.

Aussi jeune que votre confiance en vous-même.

Aussi jeune que votre espoir.

Aussi vieux que votre abattement.

Vous resterez jeune tant que vous resterez réceptif.

Réceptif à ce qui est beau, bon et grand.

Réceptif aux messages de la nature, de l'homme et de l'infini.

Si un jour, votre cœur est mordu par le pessimisme et rongé par le cynisme, puisse

Dieu avoir pitié de votre âme de vieillard[1].

---

1. Extrait du discours d'adieu du général MacArthur (1880-1964), originalement intitulé «Duty Honor Country», prononcé en 1962 devant les étudiants de l'Académie militaire de West Point.

Remerciements

Merci à mon cardiologue de toujours, le docteur Michel Desnos; aux docteurs Marcel Ichou
et Michel Avy, mes généralistes, le premier à
Paris, le second en Provence; au docteur Bernard
Azoulay qui veille sur ma voix; au docteur Alain
Haggé qui surveille mes yeux; au docteur
Alain Dusser qui prend soin de mes poumons; à
mon urologue le docteur Marc Mainenberg;
à mes deux ostéopathes, Christophe Reto à
Quiberon et Denis Forgeon à Paris. Ce sont mes
neuf bons génies de la longévité heureuse. Dans
les années qui viennent, je pense que cette liste
s'agrandira encore…

Merci au photographe Nikos Aliagas d'avoir
su capter ce que je souhaitais transmettre à travers
ces pages dans le portrait de couverture.

Il faut du temps pour rester jeune

Merci au docteur et à l'auteur Michel Allard de m'avoir accompagné de son amitié et de ses connaissances dans plusieurs chapitres de ce livre. Je sais grâce à lui que j'atteindrai les cent ans, et que nous les fêterons ensemble.

Crédits

Page 41, *Sa jeunesse*, Charles Aznavour. Paroles et musique : Charles Aznavour. © Éditions Raoul Breton.

Page 75, *Trousse-Chemise*, Charles Aznavour. Paroles : Jacques Mareuil, musique : Charles Aznavour. © Éditions Charles Aznavour Music.

Page 91, *Je n'suis pas bien-portant*, Gaston Ouvrard. Paroles : Géo Koger, musique : Vincent Scotto et Gaston Ouvrard. © Éditions musicales Céline Music / Maeva Productions.

Page 121, *L'Eau ferrugineuse*, Bourvil. Paroles : Bourvil et Roger Pierre. © Éditions Marconi.

Page 139, *J'ai oublié de vivre*, Johnny Hallyday. Paroles : Pierre Billon, musique : Jacques Revaux. © Art Music France.

Table

La photocomposition de cet ouvrage
a été réalisée par
GRAPHIC HAINAUT
30, rue Pierre-Mathieu
59410 Anzin

MARQUIS

Québec, Canada

Imprimé au Canada